课堂，可以这么有声有色

郑英／著

中国人民大学出版社
·北京·

目录 Contents

/第二辑/

教师，才是课堂的起点

自序

教师的最高尊严在课堂

1. 课堂，教师的道场

作为育人的主阵地，课堂自然承载着非比寻常的重任和意义。可以说，教师真正的高光时刻，是他站立于课堂之时。

提到课堂，我的脑海里常浮现出吴宓教授授课时的模样。这位国学大师终生从教，门下弟子无数。吴宓教授之所以桃李满天下，除了他拥有精深的专业知识外，更为重要的原因恐怕是他对课堂怀有无上虔敬之心，弟子温源宁描述他上课时“像划船的艄公那样卖劲”。课堂上的吴宓教授，心中如有神。开讲后，所有内容均脱口而出，无论是带着学生品味《红楼梦》，还是分析莎士比亚的作品，他都是大段大段地背诵原文；背到得意时，还会拿起手杖，随着诗的节律敲击地面；讲到动情处，仿佛自己就是文中之人。学生刘炳善说，当吴宓教授说到罗马帝国时，他的眼中闪现出异样的光彩，他那穿着旧灰布大褂的双肩猛然一耸，他那说话的调子高昂而自豪，仿佛那罗马就是他的帝国，他自己就是凯撒！

吴宓教授像打磨钻石一样打磨自己的课。半夜时分，别人早已就寝，他仍埋头备课抄写；第二天一早，别人还在梦乡酣眠，他已在室外晨曦微露中诵读吟咏。批改课后作业，他也是分外用心。他总是用毛笔蘸着红墨水书写，字迹像印刷体一样工整，且每改一字，必把格子涂满，以免学生误认。

可见，他的课之所以厚重，不是守株待兔、坐享其成，而是功夫到家之后的浑然天成。吴宓教授任教东南大学时，就读于清华大学的梁实秋曾旁听过他的课，梁实秋为清华大学未能将吴宓教授请到本校任教而深感遗憾。20 世纪 40 年代，昆明刮起“吴宓风”，时人赞誉：“吴宓的报告，倘能一字不误记录下来，就是第一等绝妙好文。”

即便晚年身体虚弱，在听说陕西老家的一些中学因没有英语教师而不开英语课时，吴宓教授仍忧心万分，表示自己还可以讲课。在人生的最后阶段，吴宓教授念念不忘的，仍是自己的教师身份。

吴宓教授严谨治学的精神深深地影响了他的学生。弟子李赋宁回忆自己的老师时，说吴宓教授写汉字从不写简体字，且字体总是正楷，端庄方正，一丝不苟。这种严谨的精神熏陶了他，让他终身受益。

对待授课，吴宓教授怀有宗教般的虔诚和投入，再加上他的诗人气质，让他在讲台上站立成雕塑一般的姿势。他之所以被世人敬重，令世人感佩，在于他极度讲究“师道尊严”。

课堂，是教师的道场，既是布道场，也是修道场，体现着一个教师最大的价值和最高的尊严。

2. 课堂当有仪式感

课堂的核心要义不仅仅是知识的传授，更是文化的传承和文明的传播，课堂肩负着发展文明和发扬文化的使命。因此，课堂是神圣的，教师理应对课堂怀有庄重和虔敬之心。只有教师心怀庄重和虔敬之心，方不负课堂本应有的神圣和庄严，教师才能在和谐有序的氛围里引导学生求真、向善、臻美。这份庄重和虔敬之心便是仪式感的体现。

拥有仪式感，课堂就会产生一种暗示，让人专注于那一件事和那一刻，全情投入。思维的力量凝聚于一点，更有助于思考力的培育和创造力的生发，这会带来学生精神上的裂变，从而提升课堂的品质和内涵。

说课堂需要仪式感，并不是说课堂必须是严肃紧张的，而是强调教师不能丢了庄重之心和严谨的态度。至于外在的形式，可以生动活泼，也可以沉稳静默，但不论哪一种，都需有一种和谐的秩序，并在这和谐的秩序里回旋着张力，带给学生一种“幸逢其时”的欣喜和期待。

“师严然后道尊，道尊然后民知敬学。”我们的先人一直强调知识的神圣和庄严，现在，我们重新呼唤课堂的仪式感，这不是拘泥于师道尊严，也不是僵化教条，而是对教师职业的责任感和使命感以及对文化本身的尊崇。

我曾被《给教师的建议》中的一个案例深深震撼：一位有30多年教龄的老教师上了精彩的一课，观摩教师都听得入了迷。课后，当被问及如何准备这节课时，这位老教师说：“这节课我准备了一辈子，而且，一般来说，每堂课我都准备了一辈子。但是，直接针对这个课题的准备，也可以说是教研室里的准备，则仅花了约15分钟。”为一节课准备一辈子，这便是无比虔诚的仪式感，背后透露的是无上神圣的责任感和使命感。

前面说到的吴宓教授，每逢上课的日子，他都会穿一袭灰布长袍，一手拎布包袱，一手拄手杖，戴一顶土棉纱帽，有种古板的庄重。他的布包袱里，总是装着几本厚书，里面或夹着或贴着许多纸条，纸条上工工整整地写满了字。

每次上课，他必提早十分钟来到教室，像时钟一样准，然后擦好黑板，写下这堂课要用的参考书，一写就是一黑板，包括书名、作者、出版社和出版年代。

对待课堂，我也是心怀虔敬。

我随时随地学习和思考，并随手采撷素材，作为备课之资，以提升课堂的容量和质量。

每次临近上课，我都会认真检查一下自己的着装，以保持知性、优雅的教师形象。

我从来都是提早五分钟走进教室，调试课件，打开投影仪，拉上电脑桌边的窗帘，提醒值日生将黑板擦拭干净，然后静静等待。

待预备铃响起，我会快步走上讲台，挺拔地站立，看着学生快速回到座位，然后用庄重而柔和的目光与每一个孩子对视一下。

直到所有学生端坐完毕，以期待的目光看向我时，我才宣布上课，声音轻柔却有力，然后师生相互问好，带着饱满的热情，开启新的一课。

仪式感，既是课堂的底色，也是课堂的一部分。于我，那三尺讲台是一方世界，本应神圣、庄严。心中有繁花，自有芳香；心中有仪式，自有气象。

3. 教师的每一点自我提升，都会让课堂发生一次“微革命”

教育是关乎精神成长的事业。在精神世界里，学生是教师的后裔，会传承教师的某些基因。如果希望学生朝着美善的方向发展，教师自身首先需要成为美善的典范。为此，我们当特别重视自身作为榜样的力量，给学生树立起一个具体可感的精神模板。可以说，教师的每一次自我建设，每一点自我提升，都可能会让他的课堂发生一次“微革命”。

每一堂课都是教师教育生命中的一个点，点点相连，便构成了他教育生命的轨迹，也决定了他教育生命的质地。假使教师能用一颗匠心来守护他的课堂，对课堂精益求精，尽力使每一个点都达到极致，那么，他就在提升自己课堂品质的同时，也提升了自己教育人生的品质。

若教师愿意创造性地对待自己的劳动，那么他的每一节课就都是独一无二的，他本人也会因此显得独具个性并因此变得更强大。若我们每个人都变得更强大，有思想有信仰，有方法有智慧，则就能“虽千万人，吾往矣”，单枪匹马也毫不畏惧。

在教育之路上，个人的力量固然是微弱的、渺小的，但一点一点力量汇聚起来，足以成为火炬，照亮自己，点亮学生。

且让我们尽心守护自己的课堂，使自己的课堂充满智慧、灵动和张力。这样的课堂，不只能丰富学生，也能丰盈教师自身。我们虽然处在一个平凡的岗位上，但若是抱持坚定信念，凡心所向，素履以往，也能闪现出迷人的光芒。其间的种种努力都会成为支撑我们的力量，照亮自己的教育人生。

朱光潜先生说“此时，此身，此地”，我说，从现在起，从自己开始，进行自我反思和自我建设，怀着教育的理想，步入真实的课堂。

本书主要探讨了这样几个问题：我们成为什么样的教师，才能守护作为育人主阵地的课堂？该以怎样的方式去守护？怎样守护会更好？书中还具体描绘了课堂上常见的问题，这既是一种自我警醒，也是希望能为教师朋友们提供一种参考和对照。同时，我还结合自己的课堂实践提出了可行的策略和方法，但愿能给教师朋友们带来一些实在的启迪，进而促成教师朋友们创造性地开展自己的课堂，体会到“进乎技矣”的喜悦。

同行的欣赏和赞誉以及几个好友的再三“怂恿”，让我得以下决心梳理过往的实践和思考所得，连缀成这本集子，集结付梓。所有文章都见诸《中国教育学刊》《教育理论与实践》《中小学管理》《教学与管理》《中学政治教学参考》等杂志，收入本书时，不再注明出处。收入此书时部分文章做了一定修改，以期更具实用性和可读性。另外，书稿中我上课的案例都是依据人民教育出版社 2013 年 3 月出版的教材，特此说明。

但愿，此书能增添您的教学勇气和智慧。

第一辑 ｜ 课堂，要让生命在场

真正美好的课堂，要让生命在场。它具有生长的力量，能唤起学生的生命能量，唤醒他们的生命自觉。学生会感叹“幸逢其时”，并愿意自己去奔跑、去探寻、去创造。

课堂，请走出“伪生成”的沼泽

“新课改”将课堂对话情景中师生的知识、能力和情感态度价值观的即时性的非预设的获得与生成，当成课堂教学的重要价值追求。这引领课堂教学由封闭走向开放、由重复走向建设。

“生成”或“动态生成”是相对于“预设”而言的概念，是指在教师与学生、学生与学生的互动碰撞中，即时生成的超出教师预设方案之外的新问题、新情况。它鼓励师生和生生在互动中对课程和教学进行创造，呈现出自主、合作、探究、活动、对话、开放等特征。

但是，有一种现象我们应加以警惕，那就是我们的课堂中存在一种“伪生成”现象。所谓“伪生成”，就是打着“生成”之名，行“非生成”之实。这些“伪生成”现象有哪些表现？其背后的成因是什么？教师该如何营造有效的生成？

一、课堂教学中的“伪生成”现象

1. 把“自主”变成“放任自流”

生成注重自主，但有一些教师却陷入了“脚踩西瓜皮，滑到哪里算哪里”的无目的无计划的状态之中。例如，有的教师上课便叫学生自己看书，还美其名曰“把阅读时间还给学生”，在课堂上没有指导，没有提示，没有要求，没有检查，没有反馈，学生一看到底，这是典型的“放羊式”教学；有的教师一味强调学习内容由学生自己定（喜欢哪一段就读哪一段），学习方式由学生自己选（愿意怎么读就怎么读），学习伙伴由自己挑（想和谁交流就和谁交流），这是典型的“放任自流”式教学。这些做法，看似让学生获得了自主的权利，但因太随意而降低了生成的概率和质量，同时也会让学生养成随意应付的学习态度。

2. 把“合作”变成“合坐”

一些教师片面追求小组合作学习这一形式，对小组合作学习的目的、时机及过程没有进行认真设计。课堂上学生一有疑问，无论难易，教师马上要求前后 4 人组成一个小组讨论，甚至连一些毫无价值的问题都要在小组里讨论。教师对讨论时间又把握不好，有时讨论时间过长，讨论变为聊天；有时学生还没有进入合作学习的状态，小组合作学习就结束了。这是典型的应付式、被动式讨论。在这个过程中，学生往往缺乏平等的沟通与交流，尤其缺乏深层的交流和思想碰撞，往往是“发言明星”的意见代替了小组其他成员的意见，学习成绩落后的学生成了陪衬，他们即使发表了意见也不会受到重视，只能从头到尾当听众。这种小组合作学习偏重于“坐在一起”的形式，随意性较大，违背了合作学习的初衷。

3. 把“探究”变成“标签”

一些教师为避免落入“灌输”的俗套，言必称“探究”。一位教师在讲解革命英雄主义时列举了董存瑞舍身炸碉堡的例子。可能是出于培养学生的发散思维和求异思维的目的，教师设计了这样两个问题：“假如董存瑞拉开的炸药包没有炸，那会是什么原因，他该怎么办？”“你能不能为董存瑞设计出一个更好的炸碉堡的方案？”应该说，这两个问题对拓展学生的思维的确能起到一定的促进作用。但是，这位教师显然忘记了向学生讲授这段历史的目的是什么。假如学生经过讨论，真的找出了一种两全的炸碉堡方案，那么，这位教师究竟是应该为学生的“聪明创意”而赞赏有加呢，还是为董存瑞的“思维反应迟钝”而喟然长叹呢？这种探究有意义吗？这种生成有价值吗？无须探究的偏要去探究，只能对探究的价值造成贬损和摧毁，从而导致课堂的浅层化和庸俗化，这种行为充其量是举着探究的旗帜走过场。

4. 把“活动”变成“表演”

一些教师把“活动”变成“表演”，有两个表现。一是无效的“活”。在一些课堂上，学生一会儿忙活这个，一会儿忙活那个，看起来非常忙碌，教室里乱糟糟、闹哄哄的，学生不知到底要完成什么任务。这种“活”是形式大于内容，并没有唤起学生深层次的情感体验和思考，缺乏目的性，是为活动而活动。二是无序的“动”。在一些课堂上，气氛是热闹的，学生是兴奋的，一些教师美其名曰“动中学”，但是动手与动脑相脱节，课堂实效也就没有多少。尤其一些公开课更是热闹非凡，以至于患上“活动过头”“营养过剩”的“富贵病”。在这些课堂上，教学活动形式“多样”，内容“密集”，很大程度上师生是将活动表演给听课教师看。这样，学生不再是教学的终极对象，而降格成中介，成为执教教师包装课堂的道具。

5. 把“对话”变成“问答”

一些教师把传统的“满堂灌”变成“满堂问”，让“是不是”“对不对”“好不好”“懂了吗”“会了吗”“开心吗”之类没有启发性的问题充斥课堂；或是把问题切得很细很碎，不仅把教学内容分解得支离破碎，还大大降低了知识的智力价值。还有一些教师常会在学生回答问题后附带“是这样吗”“对吗”等极具暗示性的话语，这会导致后面发表意见的学生临时调整方向甚至“临阵倒戈”。这些做法将师生之间、生生之间的平等对话庸俗化为机械问答，表面上师生、生生在互动，实质上是教师用提问的方式去“灌”，直至学生钻进教师事先设计好的套子里。

6. 把“开放”变成“漫游”

笔者曾在一堂课上看到这样一道讨论题：“好朋友想看你的答案，你借不借？”学生答：“不借。”“这岂不是让友谊的小船说翻就翻吗？”学生想了想，说：“那给他参考一下。”“万一他直接拿去抄呢？”学生又想了想，说：“那还是不给了。”“那你的好朋友岂不是束手无策了？”学生说：“那我可以教他。”“他的基础太差了，你帮不了他。”学生起先还在想方设法助人，后来发现根本无计可施。教师还不时雪上加霜，加进一些诸如“你自己还有很多作业未完成”“时间已经很晚了”等令人无可奈何的条件。乍一看，学生紧跟着教师的步伐不断得出或修正自己的结论，事实上，学生越思考越困惑，越思考越无所适从。这样的开放问题，其实是不着边际的漫游，思维上无价值，道德上无意义，看起来体现了学生的主体性，实则失却了教师价值引导的职责和作用。

二、“伪生成”现象背后的成因

1. 心浮气躁，追求功利

这一点在公开课中表现得尤为明显。在一些教师眼中，上公开课是成为名师的捷径。他们认为，常态课好比平平淡淡的家宴，公开课好比丰富多彩的国宴，于是，为了一炮打响，一课成名，他们想出了许多办法：为了让合作学习之后的交流更顺利，与自己的教学设计更吻合，他们利用巡视的机会，将自己希望学生得出的结论有意识地暗示给学生；为了营造热闹的气氛，动不动就鼓掌，自己鼓掌还不够，还要号召学生一起鼓掌；事先准备一大堆礼物，以此“调动”学生的积极性……总之，公开课似乎成了一些教师的T型台，他们精打细算地利用有限的时间，想方设法地展现自己的能耐，露出自己平时难得一见的笑容，“公开”自己平时懒得一用的教学技艺。这与真正意义上的生成是相悖的，折射出的是教师的浮躁心态和功利心。

2. 求全求美，过分雕琢

一些教师过分注重形式，希望将课堂上开头说什么话、中间安排什么小技巧、亮点安排在什么地方、结尾设计个什么高潮、每个环节需要多少时间等都精心计算并安排好。总之，他们认为课堂越严谨越好，越精巧越好！有的教师还多方求援，试讲之后，由教研组帮忙反复“锤炼”，让组内成员提意见，当参谋；有的还会在试讲时录像，然后对着录像精心雕琢，力求做到完美；有的不只请校内的同事支持，还要在校外请“大家”指点，精心打造。这种行为其实是本末倒置的，是典型的为上课而上课，损害了教学的内在功能，使教学失去真正的生成价值。

3. 盲从权威，丧失个性

要打造具有生成性的课堂，教师首先需要钻研教材，从中获得真情实感、真知灼见，然后用这烙上自我印记的真才实学去上课，去启发、引导、激励、指点学生。而有些教师却将教学参考书、名师教案奉为圭臬，去“抄”全国统一的教参，“搬”全国著名教师的教案，“以贩代教”“以抄、搬代创造”。对教参与教案的过度依赖，是重其形而轻其神。在这个过程中，教师并没有深入思考，思维深处依然是一潭死水，这样做是买椟还珠，舍本求末。

4. 积淀不足，底蕴不够

一些教师底蕴不够，虽了解一些新课程的理论，但并未把理论之精髓内化吸收，只是将其附着于表面，如同皮毛，还是“身外之物”。在课堂上，教师或表现为机智不足，面对始料未及的生成，缺乏随机应变的处理技巧，在学生的轮番提问或质疑下不知所措，不是和稀泥就是被学生牵着鼻子走；或表现为育人乏术，把学生在课堂上出人意料的回答、节外生枝的举止不加选择地都视为生成性资源而进行过度开发，课堂由此陷入盲目无序的状态。

5. 脱离实际，偏离基础

美国心理学家布鲁姆曾说过，学生的实际情况就如轮船抛锚的锚桩，不搞清锚桩的位置大小，盲目抛出知识缆绳，就不可能将其恰当地维系在知识的锚桩上。课堂教学必须联系学生的实际情况，只有这样，知识经验才能真正变成学生个体的精神食粮，教育才能真正走进学生的精神世界，实现精神构建和个性形成。但在教学中，许多教师常常是脱离了学生原有的知识基础，背离了学习的起点；脱离了学生原有的生活经验，背离了学习的兴趣点；脱离了新旧知识的联系，背离了新知识的生长点。由此，课堂生成就失去了基础。

6. 学生缺位，主体缺失

有些课堂热闹非凡，学生你一言我一语，经常是一个话题你也想说，他也想说，至于别人说了什么，自己说的与别人说的有何区别，有没有新意，则全然不顾。在很大程度上，学生回答问题只是为了表现自我，争论只是因为不服气。由此引发的问题有：学生插话影响了其他学生思考；教师似乎成了多余的人，其主导作用根本无法体现，课堂容易变得乱糟糟的；学生表现出强烈的自我中心意识，只想讲，不会倾听；学生的思考只停留在表面，缺乏深入的分析；课堂成了学生表演的舞台，学优生是主角，大多数学生是配角，还有少部分是群众演员，甚至只能是观众和听众。这样的生成必定是肤浅的甚至是虚假的。

三、课堂有效生成的策略探微

有效的课堂教学必然拒绝“伪生成”。有效的课堂教学是学生在教师的组织、引导下，用自己的眼光去观察，用自己的心灵去感悟，用自己的语言去表达，在茅塞顿开后实现认识上的飞跃，达到一种真正意义上的智慧的生成。

笔者在实践基础上总结了一些策略，希望可以帮助广大读者巧妙利用教学进程中的不确定性，使一些包含积极因素的生成性问题成为有用的生成性资源，从而生成新的教学活动。

1. 善启学生的疑——引而不发，激活源头

我们关注动态生成，如果仅停留在即时生成的教学情境上，停留在学生充满童真童趣的问题上，那是远远不够的。孟子说：“君子引而不发，

跃如也。”意即教射箭的人拉满弓，搭上箭，摆出跃跃欲试的姿态，就像要射出去的样子，但并不射出，以便让学射箭的人体会要领。这启发我们，高明的教师也应善于制造悬念，引起学生的好奇心，进而刺激其表达欲。而只有学生急于找到答案，迫切地想知道原因，想弄清楚“为什么”，才能形成教与学的最佳心理状态。让我们看看下面这个案例。

> 让学生理解诚信是这一课的一个难点。为突破这个难点，我设置了这样一个问题。我问学生在生活中有没有遇到过两难的情境，并现身说法，讲述了自己曾遇到过的一个问题：上中学时，有一次我的同桌上课时想看小说，让我帮忙打掩护，我很为难。
>
> 学生的兴趣顿时被调动起来，纷纷诉说自己的困惑：
>
> “对不诚信的人要不要讲诚信？”
>
> “朋友向我借钱从来不还，我还应借给他钱吗？”
>
> “好朋友要抄我的作业，我感到为难，该怎么办？”
>
> …………
>
> 学生把心中的谜团讲了出来，这时我没有放过任何一个问题，也没有急于判定哪些问题没有价值（其实对仔细思考并提出这个问题的学生而言是有价值的）或不值得探究。我将学生的问题一一简要板书后，与学生一起将这些问题进行筛选，看看哪些问题值得探究、哪些问题暂时不值得探究。筛选过后，师生一起讨论解决。

教师的主要作用在于引导，在于启发，进而把学生引入“问渠那得清如许？为有源头活水来”的创造性情景中，最终促使学生的知识和能力实现从“现有水平”向“未来发展水平”的迁移。这样，教师不是将已经嚼烂了的现成知识给予学生，而是激励学生将知识内化。该教学策略的特点是引导学生先发言，教师从中获得可利用的教学资源，从而生成新的教学起点和因人施教的切入点。它是教师“心中有学生，脑中有整体”教学观的体现。

2. 智用学生的惑——急中生智，即时变奏

课堂的魅力在于它具有丰富性、多变性和复杂性，它考验着教师对教学资源的捕捉、判断和重建能力。不可否认，课堂上，学生的答案常出人意料，有时还会打乱教学节奏。但如果教师能急中生智，找到引导的契合点，灵活调整教学方案，同样会令课堂生辉，并因此激发出师生的活力，变“意外”为“资源”。

在一节课上，我正讲述亲情的可敬可贵，一个学生突然打断我：“我的爸爸妈妈只知道忙自己的事，除了给钱，其他事一概不闻不问。”这番话顿时引起其他同学的附和，大家纷纷表达对父母的不满。

面对这始料未及的情况，我随机应变，板书“我的名字叫……父母给我取这个名字是希望……”。

学生的思维和情绪状态被悄无声息地改变了，有学生说：“我五行缺金，所以父母给我取名为鑫鑫。”有学生说：“我在南京出生，所以父母给我取名‘宁’，希望我的生活宁静美好。”有学生说：“家长希望我内有将帅之才，外有酷帅的外表，所以给我取名‘帅’。”学生尽情诠释自己名字的内涵，也充分体会到父母对自己的美好期待，恼人的事故变成了动人的故事。

我通过倾听，发现了学生困惑的焦点、理解的偏差和批评的价值，找到了引导的契合点，精彩不期而至。我在“引”字上做文章，在“导”字上下功夫，使学生突破原有的逻辑障碍和情感防线，产生茅塞顿开、豁然开朗的感觉。该教学策略的特点是教师在遇到突发状况后，急中生

智，突破原先预案的设计，生成“即时变奏”的新教学思路。它是“教学事件也是一种活的教学资源”教学观的体现。

3. 巧用学生的错——将错就错，化拙为巧

教学时，学生囿于自己的认知水平，在思考的过程中常会出现一些错误的想法。教师如果从这些错误想法出发，恰当地进行引导点拨，也能收到意想不到的效果。

在一节课上，当我讲到学习需要专注时，一个学生对此不以为然：“不专注也没问题呀，我就是一边听音乐一边写作业。”我不动声色，只是让学生们准备一张纸、两支笔，并宣布规则：“第一，听老师口令一起画；第二，左手画方形，右手画圆形；第三，两只手同时画。”学生听完均跃跃欲试，嚷着快点儿开始。等我的口令一下，学生们凝神绘画，教室里鸦雀无声。

画完，学生对自己的作品都不满意，纷纷要求再来一次，并要求改一下规则，用一只手画，先画一个方形，再画一个圆形。我顺水推舟按他们的要求让他们再画一次。

画完后我再问学生：“这两个作品你们喜欢哪一个？”学生异口同声地表示喜欢第二个。

这时有学生提议，用圆规和尺子再画一次。画完，我追问：“从刚才的活动中我们可以得到什么启示？”

生 1：“或许有些事可以同时进行，但学习确实需要一心一意。”

生 2：“我们在做作业时要注意规范。”

生 3：“我们借助圆规和尺子画比徒手画要标准得多，所以学习时我们要善于借助外力。”

…………

学生替我完成了“补充说明”，甚至超出了我原本预设的“学习要专注”的结论。一切都显得顺理成章而不突兀。

课堂不能拘泥于教师预先设定的固定不变的程式。教师在实施预设教案的过程中，应开放地接纳学生的体验，鼓励学生的即兴创造。课堂上出现“节外生枝”时，倘若教师能别具匠心地过滤其消极影响，提炼其有用成分，也可将其变为一种教学资源。该教学策略的特点是利用学生的错误，使学生充分暴露出错的过程，“弄拙成巧”，从而生成正误认知的辨析点。它是“学生的错误也是一种教学资源”教学观的体现。

4. 活用学生的问 —— 由此及彼，顺势延伸

要使学生在课堂上始终保持最佳状态，教师教学时就应从学生的真实问题出发，而不是从教材或教师假想的问题出发。教师可借助学生的质疑问难来推进教学，使学生的认识逐步深化。

一次，我去乡下送教，执教的是思想品德七年级下册《唱响自信之歌》一课。一个男生好奇地问：“老师，您是从哪里来的？”

“老师来自杭州。”

“哇！大城市。”

“不过老师的老家就在你们县隔壁，也是一个美丽的小山村。”

“那您觉得大城市里的人和我们乡下人有什么不一样吗？”

我明白他们的心思，他的问题正好说明了本课的必要性和意义，所以我格外用心地对待。我淡淡地说：“我小时候常常上山下田，见过很多美丽的植物，像山花、小草、灌木、乔木，这些我都见过。请说说你们曾见过的植物。”“蒲公英”“野百合”“金樱子”“山楂”“水杉”……学生们争先恐后地抢答。

“如果世界上只有水杉等高大乔木，你们认为世界还美吗？”

“不够丰富多彩，所以不美。”

“是啊，花草、树木、藤蔓，参差多态的植物让这个世界更加美丽。所以，无论你生长在哪里，都要努力做最好的自己，是乔木就展示自己的劲拔，是山花就奉献自己的芳香，是小草就展示自己的顽强，这才是最美的状态。”

在课堂上，教师只有突破学生感到困惑的难点，在需要处指点，在认知偏离教学目标处指点，在情感冲突处指点，在思维定式处指点，生成才会自然而然出现。该教学策略的特点是教师及时回应学生的提问，并顺着学生的思路延伸下去，通过步步追思，生成新知识。它是“教师要顺着学生的思路来组织教学”教学观的体现。

5. 妙用学生的题 —— 顺水推舟，巧妙点化

在教学中，为了引导学生充分地参与学习活动，给学生提供广阔的思维空间，教师可以让学生自己出题作为探究材料，然后进行观点的交锋和碰撞，最后由教师加以巧妙点化，化腐朽为神奇。

在讲授思想品德七年级上册《创建新集体》一课时，我先让学生自己出题。一个学生提问：“学校走廊上的废纸该不该捡？你会不会捡？为什么？”我并不急于解答，而是放手让学生自己去思考。

有的学生说：“该捡，但我不会捡，因为我怕别人笑话我。”

有的学生说：“不该捡，因为那不是我的义务。”

有的学生说：“不该捡，我不能用自己的勤劳培养他人的懒惰。”

还有的学生说：“该捡，但我不会捡，因为我捡他扔，永远也

捡不完。”

…………

在听完学生们的意见后，我说出了自己的想法："该捡而且必须捡。也许有人会继续扔，但我却要用行动告诉他这是错的。我认为，同学们看到废纸后捡起来比我们上街发传单宣传不要乱扔垃圾更有实际意义。”

我让学生提出自己的质疑，试图通过积极释疑，撞击出思维的火花，同时激励学生通过自己的努力去寻找答案。该教学策略的特点是教师充分利用互动中生成的学习材料，随机应变，灵活运用学生的问题，从而生成教学中的创意点。它是“课堂是极富创造性的”教学观的体现。

6. 反激学生的思 —— 变导为堵，反弹琵琶

课堂上常会有种种意想不到的事情发生，有些可能由学生引发，有些可能由教师引发。当学生处于线性思维时，教师适当地“堵”一下原来的思维进程，往往会有出人意料的效果。

为解释“人是社会中的人”，我问："我们能脱离社会而独立存在吗？”学生整齐而响亮地回答："不能。”学生不假思索的回答完全出乎我的意料。“为什么这么认为？”“书上说的。”原来学生是照本宣科。“书上说的一定是对的吗？”这下轮到学生吃惊了。

“谁说人不能离开社会？我觉得我就可以离开社会，我不靠别人，不和任何人联系。”听到我说出如此离经叛道的话，学生惊呆了，他们努力寻找突破口。“你吃的饭从哪里来呀？”“我自己种。”“你没有工具呀！”“我用手刨。”“那房子呢？”“我住山洞。”“想看手机怎么办？”“我不看，就自己和自己说话。”

教室里安静下来，学生努力思考如何制造新的“炮弹”。“可你又是从哪里来的呢？”“你如果不和任何人交流，那你掌握的语言又有何意义？”这些问题可谓击中了要害，我一时无法回应。教室里马上炸开了锅。“怎么样？你还是要和社会发生联系吧？”“离开社会，你怎么生存？”……这些本该由我说出来的话，全都由学生说出来了，我的“反面角色”扮演也成功谢幕。有了学生自己“争”回来的观点做基础，剩下的内容就水到渠成了。

在教育教学中，教师历来充当“正面角色”，展示正确的结论、观点等。我甘当“反面角色”，竟收到了意想不到的良好效果。我郑重其事地提出有悖常理的荒谬问题，煞费苦心地设置“陷阱”，故意唱反调，巧妙设谬误。当我把自己当成靶子后，学生的思维处于“高度警戒”的敏锐状态，他们“明察秋毫”，知错纠错，“以正视听”，在这个过程中他们产生了愉悦感和自豪感。让学生指正教师错误的做法，既锻炼了学生的思辨能力，又增强了他们预防错误的免疫能力。学生的出色表现再次说明，教师的作用不只是传道、授业、解惑。这个案例凸显的是“教师是学习的组织者、引导者和合作者”的教学观。

总之，“伪生成”与生成有着本质区别：生成注重的不只是“新”字更是“实”字，而“伪生成”是有形无实、喧宾夺主、以繁代简、以假乱真，其教学的有效性必然受到质疑。

课堂生成强调教的过程，突出教学个性化，是开放的、互动的、多元的，追求的是学生在自然状态下“自然而然地生成”。有效的课堂必然呼唤真正意义上的智慧的生成。在有效的课堂上，教师与学生共同在生成中获得顿悟，从生成中获得对现实问题的启迪与感悟，思维得到解放，智慧得以升华，最终培养起独立思考能力。

警惕课堂走入“伪合作”的岔道

“新课改”提倡的合作学习，被誉为“近十几年来最重要和最成功的教学改革之一”。因此，合作学习成了课堂教学的宠儿，备受推崇。然而，一些教师对合作学习还存在理解与执行上的认识误区，这些认识误区又进一步造成他们误认为“新课改”中存在的课堂秩序的混乱是由新的学习方式造成的，进而抵触并否定合作学习。所以，反思这些认识误区，不论是对改进教师的教学理念，还是对提高课堂教学的实效性，都有十分重要的意义。

那么，当前的合作学习存在哪些典型问题？其背后的成因是什么？如何提高合作学习的实效性？

一、课堂教学中的“伪合作”现象

1. 众说纷纭的“群言堂”

课堂上，只要老师一宣布小组讨论，教室里立刻变得热闹非凡，讨论声震耳欲聋，老师根本听不清到底谁在发言，还有几个学生跑到其他组“上门观看”。到了交流汇报环节，学生更是一边举手一边喊：“老师，我，我……”有的学生用胳膊肘把桌子敲得咚咚响，有的从位置上站了起来。老师指定一位学生回答后，教室里还是喊声不断，有几个学生还不停地说着答案。

这种现象普遍存在，看似全员参与，看似气氛活跃，看似激情高涨，看似体现了学生的主体性，但实际上这是一种“伪合作”现象。学生没有经过认真思考，便争着要发表“高见”；学生很少倾听和吸收他人发言中的精髓，使讨论只停留于表面。这些现象降低了课堂教学的思维含金量，同时，也助长了学生的以自我为中心的意识。所有学生都争着表达，而不去倾听，全然不知别人说了什么，也就更不知自己说的跟别人有无重复或是有无新意。而教师又不加以制止和引导，一节课往往就这样“说”过去了。这样的小组合作学习已经沦为一种形式、一种点缀，虽然外在形式热闹但缺乏实质内容，使课堂走向了无序。

2. 悄无声息的“哑巴堂”

师：（出示一则材料）“这则材料说明了什么？”

（没有一个学生举手）

师：（有点儿不自然）“再仔细看看，说明了什么？”

（还是没有学生举手）

师：（急了）“那就四人一个小组讨论一下吧！”

（学生相互推辞，课堂上只有微小的讨论声）

师：（等了几分钟）“现在谁来说说看？”

（还是没有人举手，教师十分尴尬，只好自己讲下去）

这也是课堂上一种常见现象。当教学进行到某一个环节时（通常是教师的提问无人应答，教学进行不下去时），教师便会要求学生“几个人讨论一下该怎么回答”。这样的小组讨论不是在明确的目标指引下的群体学习行为，只是教师为了使教学能顺利地进行下去而使用的工具。其实，要使讨论有意义，教师必须事先做好充分的准备。如果讨论后教师等了好久仍旧没有一个人开口，或是即便有人开口了，也只是说一些不痛不痒的话，而教师在无可奈何的情形之下，只得一个人滔滔不绝地讲下去，这就完全不符合讨论的初衷了。

3. 匆匆忙忙的“走过场”

教师抛出一个问题后，一声令下，前排学生齐刷刷地回头，几个学生立刻围成一组，讨论声顿时响起。两三分钟后，学生还没有真正进入状态，只听教师一声击掌，于是讨论声戛然而止。有的学生尚未弄清楚问题，有的学生因时间仓促来不及考虑他人的意见，“成果”也就无从谈起。但为了配合教师完成问答任务，大多数学生只能胡乱说几句。随后教师草草总结，话题一转，按教学设计的步骤讲下去。

在课堂上，学生的感悟、教师的引导，都需要借助师生间的交流。所以，交流就不能只是“蜻蜓点水”，也不可“虚晃一枪”，而必须保证一定的时间，这样才能保证有效的生成。不少教师为了赶进度，要么像本案例中的教师那样走过场，草率收兵；要么干脆不进行小组交流，学生的学与教师的教存在脱节现象。案例中，看似师生、生生之间形成合作，其实课堂仍旧被教师牢牢掌控，教师的出发点和归宿只是完成教学。这样的课堂是一种披着合作外衣的教师“一言堂”。

4. 边缘学生的“避风港”

部分学生借着合作学习的机会，或是以讨论为掩护说闲话；或是人云亦云地随大流；或是无所事事地东张西望；或是做练习时磨磨蹭蹭、遮遮掩掩，不打算独立思考，而是等待与同伴“合作”……学生这种逃避学习责任的行为在独立完成学习任务时容易暴露，而在小组合作学习的掩护下反倒是“安全”的。

为何会产生这种现象？一是在小组合作中学生围坐在一起，教师不容易辨别学生是否认真参与（班级授课时学生都是面向讲台，教师容易辨别）。二是学生有逃避学习责任的条件，反正只要有人代表小组发言，给出正确答案，整个小组就能顺利过关，即使小组中只有一个人认真完成任务，其他成员都不参加讨论也没关系。长此以往，学生就养成了“合作习惯”，一旦产生疑惑，通常不是先独立思考，而是马上想办法与别人进行“沟通、商量”，因为从别人那里可以迅速地知道答案。久而久之，这部分学生便养成了等待观望、依赖别人的习惯，进而养成思维的惰性，甚至是投机取巧的心理。

5. 学优生的“表演场”

小组合作时，个别学生侃侃而谈，其他学生或洗耳恭听或似听非听，不用问，那个发表“高见”的一定是学优生，而且一般是教师“钦点”的小组长。他们“继承”了教师的权威，往往身兼数职，包揽了“记录”“汇报”等诸多事务。小组合作学习俨然成了学优生的舞台及主场。

案例中，学优生包揽一切，学困生袖手旁观。“教师讲，学生听”是传统课堂上最常见的教学模式，案例中的合作学习则复制了这种不平等的、缺乏合作的交流方式（只不过是学优生扮演了教师的角色），并演变为“学优生讲，学困生听”的小组交流模式。小组学习成了“微缩课堂”。在这个“微缩课堂”里，学生之间并没有真正合作，学优生的观点和视角支配着小组的大部分活动，学困生成了“书童”“陪练”和“局外人”。这种借用学优生来代替教师“填鸭”的做法，架空了合作学习，束缚了学生的思维，同时也加剧了学生的两极分化。

6. 虚假表演的“作秀场”

在一些公开课上，教师为了让学生合作学习之后自己与学生的交流更顺利，让学生的答案与自己的教学设计更吻合，在学生小组活动的过程中，利用巡视的机会，通过一些简单的提示，将自己希望学生得出的结论有意识地暗示给学生，甚至直接透露并趁机安排好下一环节的教学内容和程序。

教师通过巡视，了解小组合作学习的进展，及时发现可挖掘的教学资源，这本是课堂教学的有效策略之一，但这种做法成败的关键是教师的指导和介入是否适时、必要和有效。在上述案例中，从表面上看，学生合作讨论，教师参与其中，其实质却是“虚假作秀”，教师过早地介入学生的小组活动，而且介入的目的是将学生的探究结果引导到自己预设的教案上来。教师编排了一场“合作秀”，指定了合作人员、合作任务、合作时间、合作方式、合作程序，学生只能“装模作样”和“装腔作势”地合作学习。

7. 教师课中的“休息场”

教师板书题目让学生合作讨论，然后自己拿起作业本批阅。一会儿，吵闹声响起，教师抬头提醒了一句后，继续批阅作业。没过多久，吵闹声再次响起，“谁在讲废话？”教师站了起来，教室里顿时鸦雀无声，有的学生埋头装作努力思考，有的学生一脸无辜的表情。教师看问不出结果，只好转换话题："下面请各组汇报一下刚才的讨论结果。"学生又慌乱起来，有的赶紧边看黑板边翻书；有的你推我搡，都不愿做小组发言人；有的急着打听"刚才说什么了"……

一些教师在课中"休息"的方式并不是闭目养神或者听音乐，而是抓紧时间埋头批改作业。这种争分夺秒的敬业精神本无可厚非，然而，这片刻的松懈所引发的问题将需要教师花费数倍的时间去处理。此外，还有一些教师课中"休息"时是这样做的：在学生进行合作学习时，或退至教室一侧，像一个旁观者一样等待、观望，等着做"裁判"；或如蜻蜓点水般在各个小组之间游走、巡视、赶场；或漫无目的地在教室里走来走去，这里站站，那里看看；或走下讲台虚晃一枪，然后快速回到讲台……这样的合作学习只是一种形式，空有其表。

8. 不做评价地"乱收场"

课上，为了让学生体验合作的重要性，教师设计了用筷子往细颈瓶里夹黄豆的游戏。许多小组因求胜心切，或将瓶子打翻，或几双筷子一起卡在了瓶口。只有一个小组井井有条地操作：在组长的分工下，一人负责夹黄豆，一人负责扶住瓶子，一人负责统计数量。结果是大多数小组夹了七八颗，最少的只夹了三颗，而那组却夹了21颗。教师统计结果后很快就进入下一个环节，并没有对其中的原因进行深究，甚至没有对夹黄豆最多的小组进行表扬。

课堂评价是教师的"专利"，是教师"权威"的象征，学生合作学习的情况是好是坏均是教师一"言"定音，学生处于被动甚至被忽略的地位。试想，若没有学生合作后的汇报，没有小组间的交流和学生成果的展示，教师只是先入为主、依照教学设计按部就班地教学，这样的合作学习实质上只是一种摆设，形同虚设。其实，上述案例中教师可以根据整理的数据对学生的操作过程进行评价，让学生反思自己的操作过程，鼓励学生向好的小组学习，以培养学生的合作能力及反思习惯。很可惜，这么好的生成性资源却没有被教师好好捕捉、开发和利用。

二、“伪合作”背后的成因

1. 以教论学 —— 审美偏差

受效能评价体系的影响，人们总是习惯于把课堂作为一个整体来看待，很少会分时段一一考查每个个体的情况。因此，绝大部分教师在潜意识中认为，只要有部分学生或者是大部分学生完成了学习任务，这节课就算完成了教学任务。事实上，大多数人也确实是以此为标准评价一堂课的。由此，学生个体的成功很容易被泛化为群体的成功，并可能再次被扩展为整节课教学的成功。

另外，开展小组合作学习时，课堂教学内容经常被划分成多个学习单元，这使得全面公正地采集评价数据变得很困难。因此，人们习惯于将教师的教学行为作为课堂教学评价的中心，也习惯于从教师教学行为的角度评价学生的学习行为，这就导致人们往往以是否“解决了问题”为标准评价教学的效果。当几位学生说出了符合教师心理预期的答案后，教师便认为目标已经达成，难点已经突破，而很少再考虑其余学生的学习情况。这种“以教论学”的评价方式，也是导致部分学生没有积极参与课堂学习，而教师依然能够获得良好评价的重要原因之一。

2. 机械照搬 —— 套用滥用

某位教师听说合作学习对促进课堂教学颇有益处，于是立即采用。然而，现实情况却将美好的憧憬击碎：有的小组只是坐成一圈，实际上各自为政，各干各的；有的小组成了“一言堂”——只有一个人滔滔不绝地发表长篇大论，其他人均默不作声；有的小组倒是热闹，小组成员间唇枪舌剑，但仔细一听就会发现他们并没有谈论正题，而是陷入了混乱的争吵。更令人失望的是，第二天学生们交回的作业错误率大大超出以往。于是，这位教师抱怨说：“别听专家吹得神乎其神，我看这合作学习一点儿用也没有，教学效果还不如从前呢！”

导致这种现象的原因之一就是，教师没有真正理解合作学习的实质和内涵，只是生搬硬套。这位教师以为将学生分为若干个小组，让学生讨论几个问题，然后汇报一下学习结果就是合作学习；以为只要是以小组讨论的形式进行，学生自然就会合作，把合作学习简单化地理解为“小组讨论”。事实上，这样的合作学习是只“作”不“合”。若授课内容没有合作价值，合作就只是一种重复的劳动。尤其是在公开课上，合作学习常常演变成为“课改标签”，开课必贴，形式泛化，机械照搬，实则穿新鞋走老路。

3. 亡羊补牢 —— 错失良机

“智者见于未萌”，课堂上容易发生的学生开小差的现象，最好的解决办法是当学生处在将要走神而尚未走神的边缘时，教师能及时留意到并设法将他吸引住，若等到他走神之后再想办法就晚了，就算能重新把他的注意力吸引回来，他也已经浪费了不少时间。等到问题出现后再想办法处理，虽然有时是“亡羊而补牢，未为迟也”，但其效果终究不如防患于未然。

合作学习与此类似。对比有效的合作学习和无效的合作学习我们可以发现，前者教师能较好地预防问题，善于不断地引导小组变换活动，确保学生总是有建设性的事可做，不会让学生有等待的空闲，也不会让学生只做看别人学习的旁观者。后者教师缺少对课堂的关注，不能及时察觉到问题，等到问题凸显后，再想介入干预，早已错过了最佳时机。很多优秀教师的经验以及教育心理学研究的成果都表明，在课堂管理中“预防是最好的良药”，包括合作学习。

4. 集体求同 —— 扼杀个性

独立思考是合作学习的前提，合作学习离不开学生的独立思考。学生只有在经过了充分的独立思考，对问题有了自己的想法后，才会产生交流、表达的欲望。而在听课过程中，我们经常看到集体求同的现象。

集体求同现象的第一个表现是，教师布置问题后，立即让学生开展合作，学生根本没有时间独立思考。这种一味追求“合作”的做法，容易使小组讨论的形式掩盖个体之间的差异，忽视必要的认知冲突，这与“新课改”的理念是格格不入的，也与素质教育的追求大相径庭。合作学习既不能流于形式而失去对整体的把握，也不能因强调参与而忽视对学生个体的关注。

集体求同的另一个表现是，不少教师在小组代表汇报完毕后，马上归纳观点。有了教师的“高度概括”，学生自然不会有“补充意见”。小组合作学习当然需要教师归纳总结，统一认识，但是这种“统一认识”—— 趋大同而成唯一的做法，是不可取的！这种做法忽视了合作学习中学生个性化学习的作用，用集体求同扼杀了学生个性化的认识。这种忽视学生的意见、生硬统一认识的做法与合作学习倡导的个性化学习理念相违背。开展小组合作，不等于否认独立思考，不等于让独立精神“形同虚设”。

5. 随意分组 —— 主体缺位

在日常的课堂教学中，最常见的小组合作形式是教师根据“就近”原则，按前后座位顺序自然地将学生分成四人小组，而座位的编排依据往往是学生的身高或性别。也有的教师让学生按自己的意愿自由组合，且美其名曰“给学生选择合作伙伴的权利”，而学生往往会选择要好的朋友作为自己的伙伴。这些做法就容易造成一个小组中全是学优生或者全是学困生的局面，使小组间的力量不均衡，导致两极分化。开展合作学习时，可能“学困生组”还没有反应过来，“学优生组”早已把问题解决了。

由此，“学优生组”在充分展示自己的个性的同时有了更大的收获，而“学困生组”的学习效果可能比传统教学方式更差。不仅如此，这样的分组还容易使学生形成不健康的心理品质。例如，有的小组学优生聚集，他们有明显的优越感，合作时你争我抢，谁也不让谁，显得十分霸道；有的小组成员能力较弱，他们胆怯、自卑、缺乏信心，常常出现合作冷场、进行不下去的局面。这些都既不利于不同层次的学生优势互补、相互促进，也不利于同层次学生互相合作。

6. 指导阙如 —— 流于形式

开展合作学习时教师应尊重学生的主体性，但一些教师矫枉过正，从一个极端走向另一个极端，把自己放在了可有可无的位置上。有的教师认为，开展合作学习就应给学生充分的自由，自己只要在汇报时听听就可以了，于是一味强调讨论内容由学生自己确定、讨论方式由学生自己挑选、合作伙伴任由学生自己选择，自己则在一旁“袖手旁观”，因此出现了许多“短暂繁荣”和“华而不实”的无效合作场面：学生或抓住细枝末节，东拉西扯；或高谈阔论，不辨本质；或就事论事，流于表面；或埋头思索，各自为政。

培养学生的合作学习能力需要经历由易到难、由“扶”到“放”的过程，循序渐进，最完美的课程实施应该是让教师成为学生学习过程中的引导者、组织者、参与者。当合作学习出现偏离主题的情况时，教师就必须发挥引导作用，对学生加以纠正。教师若放弃了指导，“自主”就会异化为“放任自流”。我们既要反对教师牵着学生走，也要反对教师跟在学生后面走。

7. 分工不明 —— 职责不清

在小组合作学习中，一些学生缺乏主动性，造成这种现象的原因除了学生缺乏学习兴趣外，跟教师没有合理分组并落实个人责任也有很大关系。组织合作学习时教师应明确目标和分工，但在合作学习的实践中，不少教师往往很注重教学任务是否完成，而较少关心或指导合作学习小组具体任务的实施，小组成员的任务分工更是甚少过问。教师以为学生参与合作学习就会有收获，以为全体学生参与就是合作学习。教师常常临时指定组长，既没有明确其职责，也未明确其他组员的分工与职责。这样一来，学生不知道该干什么，也不知道该怎样讨论，以为只要说话了就算是讨论了。

于是，课堂上经常会出现这样的情况：组长和全体组员或不知所措，各行其是，合作难以进行；或相互推辞，谁也不愿先发言；或小组中个别成员承担大部分甚至所有任务，而其他成员则无所事事；或讨论时气氛十分热烈，而回答问题者却寥寥无几。其中众多“休闲”现象或“搭车”现象的发生，很大程度上就是由于小组成员分工不明确，责任不到位，小组成员没有形成积极的目标共识，缺乏积极的角色互赖，未建立起合作学习机制，导致组内自由松散，效率低下。

8. 片面评价 —— 功能异化

合作学习是一个有序推进的过程，它既是学生从不会交流到学会交流的提升过程，也是不同的认识相互碰撞并创生出新认识的过程。可惜有的教师在教学中往往只顾追求合作的结果，追求合作最后得出的结论，即对学生的答案是否正确、离标准答案的距离还有多远，作简单的对错点评，却忽视了过程评价，对学生在合作学习过程中体现出来的参与热情及合作技巧视而不见。

合作是集体活动，教师不应偏重于对学生个体的评价，“个体成功”不等于“群体成功”。有的教师只关注个体活动的结果，却忽视了对整个小组活动的管理和指导。例如，在 10 个 4 人小组的学习活动中，当有 6 个小组基本完成了学习任务时，我们就认为本次学习是比较成功的。但如果我们通过调查发现，这些小组都是因为其中一两个学生的出色表现而完成了学习任务，此时我们还能认为这十来个学生的成功代表了全班学生的学习成效吗?

三、提高合作学习实效性的操作建议

“水本无华，相荡而成涟漪；石本无火，相击而显灵光。”合作学习可以创设建立一种“利益共同体”，让师生共享知识与资源，达到共同提高的目的。而如何有效地组织学生开展合作学习，使小组的“树”上结出更多、更好的合作的“果”？笔者结合实践提供以下建议。

1. 科学分组 ——“交叉组合”与“同质组合”相结合

实践证明，在学习目标较难达成时，如果交叉合作操作得当，往往能让学优生发挥对学困生的带动作用。交叉合作首先要保证“组内异质”，即组内学优生、中等生、学困生搭配，兼顾不同性别、不同基础、不同性格，成员之间有一定的互补性，以便形成学员之间的积极互赖。这样搭配的结果是，每个小组都是全班的缩影或截面，既有利于学优生带动中等生的“拔高”学习，又能帮助学困生进行“达标”学习，同时在小组中形成互帮互助的学习氛围。在“组内异质”的基础上，我们还要保证“组际同质”，使各小组之间实力相当，为小组间的公平竞争创造条件。这种分组办法既可以增加小组合作成员的多样性，同时也可以增加合作学习小组竞争的有效性。

但是，如果不加辨别地单一地使用交叉合作的方式，组内强势学生可能会给弱势学生带来不容忽视的伤害。如果小组中有强势学生把持着话语权，就容易破坏弱势学生思考的独立性，造成他们思想上的依赖性和行为上的不作为，使他们的创造力受到压制。此时，教师不妨采用“同质”合作的方式：一种是“弱弱”合作，即学困生与学困生合作，由于基础相同，相处时没有压迫感，他们反而能无所顾忌地发表自己的意见，从而使所有成员均能得到进一步的提高；另一种是“强强”合作，即学优生与学优生合作，由于学优生的基础扎实，思维敏捷，学习能力强，他们能适应并且也喜欢完成一些具有挑战性的学习任务，这种合作学习方式往往能够促成他们实现跨越式发展。需要注意的是，采取“同质”合作时，教师一定要对教学目标进行分层，同时对弱势小组进行近距离的帮助，打破因学生的不自信造成的冷场。

2. 明确分工——“个人定责”与“集体连坐”相结合

我们经常见到有学生以小组讨论为掩护逃避学习，躲在小组的“避风港”里高枕无忧，其“罪魁祸首”是个人责任不明确。要想切实保证每一个成员都真正参与合作，避免有成员无所事事甚至无事生非，教师就必须赋予每个成员特定的职责，防止出现吃“大锅饭”的现象。例如，“主持人”掌握小组学习的进程，“记录员”记录小组学习的过程和结果，“检查员”检查小组成员的独立思考情况，“报告员”代表小组进行总结性汇报。分工明确，任务互补，责任具体，只有这样，才能真正发挥小组合作学习的“整合”功效。而且，组内各角色要定期互换，打破“终身制”，以体现平等公正。教师应赋予每个成员特定的职责，其核心要义在于，不是所有人都做同样的事，而是为解决共同的问题，每一个人都做不同的事。

“集体连坐”制也是一种能够有效强化良好行为、消减不良行为的行为矫正方式。它要求每一个成员都要为小组做出贡献，进而使每个成员都感到自己的参与对小组取得成功是不可缺少的。这种“一个也不能少”的方式不仅可以让学生体验到个人的价值，还能有效减少小组成员你推我让、抱怨任务太多、习惯把困难推给其他成员的现象。“集体连坐”制能够营造出这样的氛围：任何成员的“玩忽职守”都会令整个团体“蒙羞”。这样，敦促、监督团体成员尽职尽责的将不再是教师一个人，而是整个团体，这自然比教师的监督更有力。

总之，“个人定责”与“集体连坐”分别从正反两个方面来明确和强化小组成员的个人责任，有利于培养每个成员的责任感、集体效能感和合作意识。

3. 巧抓时机——“课前预设”与“课中生成”相结合

合作学习虽有利于学生集思广益，但并非时时不可或缺，更不是万灵药。教师如果不辨时机就动辄组织合作，效果会适得其反。所谓“好钢要用在刀刃上”，开展合作学习，应针对实际情况，找准契机，避免随心所欲、浮泛不实、逢场作戏，那种“内容不够，合作学习来凑”的做法是十分不可取的。开展合作学习前，教师应精心准备，通过课前预设创造时机。例如，教师可利用教材中的资源。新课程的教材具有一定的开放性和创造性，课后往往会设置“想一想”“做一做”等栏目，教师可选择其中带有趣味性、规律性同时又贴近生活的问题作为小组合作学习的载体，这可以对课本知识的学习起到一定的巩固和拓展作用。再如，教师可提出两个对立的观点，如“对不讲诚信的人不需讲诚信”和“对不讲诚信的人需要讲诚信”，让学生自由组合，通过巧思妙辩，深化认识。

教师还可根据课堂教学的实际需要寻找合作学习的时机。课堂中合作学习的时机主要分为以下几类。第一，“山重水复疑无路”—— 思维受阻时。对教师的质疑问难，学生经过反复思考推敲，仍不能解决，此刻学生的思维处于“愤”“悱”的状态，内心产生了强烈的“合作需要”，这无疑是实施合作学习的最佳时机。第二，“万紫千红总是春”—— 认识片面时。对一些开放性问题，学生的思维视角过于单一，甚至出现思维僵化的现象，此时教师可采用合作学习，让学生通过讨论交流拓宽思路，另辟蹊径。第三，“横看成岭侧成峰”—— 意见不一时。课堂上学生有认知上的矛盾冲突时，教师可采用合作学习，让持相同意见的学生一起探究，并与意见不一致的同学辩论，这样做不仅问题会越辩越明，而且学生的竞争意识、合作精神也能得到培养。

4. 适度调控 ——“大胆放手”与“适时介入”相结合

合作学习最大的特征就是强调参与，强调个性，强调把课堂的主动权还给学生，让合作精神得到最大限度的张扬与发展。然而在合作的过程中，情况变化难测，也许会出现一些出乎教师意料的事，因此在实施小组合作时，教师不能“稳坐钓鱼台”，而应眼观六路，耳听八方，做到“明察秋毫”，不漏下任何一个“信号”，也不让任何一个学生“躲”在团体之中偷懒。虽然这是难度极大的挑战，但确实是教师应努力的方向。强调学生的主体性绝不等于忽略教师的主导地位，绝不等于排斥教师的有效参与，“以学生为主体，以教师为主导”才是合作学习应追求的目标与境界。教师的过度参与和过度放手都会让合作学习失去其应有的价值。

在小组合作学习中，教师不应是旁观者、局外人、监工，而应是观察员、引导者、调度员。其主要任务如下。第一，主题调控。学生思维的闸门打开后，有时会偏离讨论主题，此时教师应注意观察，把学生的注意力拉回到讨论主题上来，从而把握课堂的“主旋律”。第二，进程调控。教师应注意激活“冷场”，控制“热场”，达到“控而不死，放而不乱”的效果，把课堂教学调控到最佳状态。同时，教师应对“吃不了”的学生加以指导、点拨，对“吃不饱”的学生加以引导、延伸。第三，情绪调控。小组合作学习时，学生间意见有冲突的现象不可避免，教师应注意引导，避免学生争得面红耳赤，偏离学习方向。第四，目标调控。在合作学习到了关键时刻，即“一捅即破”的时候，教师应通过恰当的点拨，使学习目标一步达成。第五，时间调控。合作讨论的时间过长会浪费宝贵时间，过短则学生无法深入交流，这就需要教师的恰当调控。

5. 全面评价——“个体达标”与“小组提升”相结合

有人说，评价是一盏灯，能照亮学生学习前进的方向。对合作学习来说，评价的导向激励意义尤为重大。因此，教师不应仅仅评价发言学生的答案是否正确，更应关注学生在表达自己的观点、倾听其他人发言的过程中所表现出来的态度；不应仅仅评价学生的学业水平，更应关注他们在合作中所表现出的合作精神、学习态度、学习习惯、参与程度、创新意识、实践能力。我们可能经常会看到这样一幕：小组代表站起来发言时，往往说“我认为……”“我觉得……”，似乎他不是发表小组的意见，而仅仅是发表个人“高见”。而教师对此的评价常常是“你讲得真好”“你很有见解”。显然，学生不正确的发言方式与教师不科学的评价有关，其根源在于教师偏重于对学生个体的评价，忽略了对学生所在小组集体的评价。要改变这种情况，评价的重心就要由鼓励个人表现转向鼓励小组集体共同进步和合作达标。

教师可以采用以下方式进行评价。第一，随机提问，即先给小组的每一个成员一个数字代号，等讨论结束后，教师随机喊一个数字代号，持有该数字代号的学生需作答，教师根据他们的表现评价小组活动的质量。由于是随机提问，任何一个组员都有可能代表小组展示活动成果，所以学生们都会积极参与，以便在被提问时从容作答。第二，个别测试，即先进行小组学习，再让每个学生独立完成测验。教师可采用“基本分”（以往学习成绩的平均分）加“提高分”（检测分数超过基础分的部分）的评价方法，“不求人人成功，但求人人进步”，以保证所有成员都达到基本目标。此外，教师应综合每个成员的测验成绩来评价小组活动。这样，每一位成员都能体会到：大家应在相互启发中共同学习，而不能消极地依靠某个学生或某部分学生来解决全组的问题。这样做有利于形成组内成员合作、组间成员竞争的格局。

6. 重视个体——“小组合作”与“独立思考”相结合

小组合作学习中经常会出现这样的情况：教师呈现问题情境后，没有给学生留多少思考的时间，就开始小组合作学习。这时，学生（特别是中等生及学困生）还没来得及思考，更谈不上有自己独立思考的方案，往往只能越过独立思考的步骤而直接从学优生那里获得信息。事实上，教师应特别关注学生的个体学习经历，没有独立思考的合作学习是缺失基础的假学习。学生只有对问题进行独立思考，才能主动地为新知识的构建提供心理上和认知上的准备。

植物的叶序尽管并不相同，但相邻的两片叶子总是互不重叠，即使同一根枝条上的叶子，也总是互不遮挡，于是形成了镶嵌式的排列，这种现象被称为“叶镶嵌”。这种现象启示我们，小组合作应与学生独立思考相结合，使合作学习建立在学生独立思考的基础之上，学生独立思考应贯穿于小组合作学习之中。我们可以这样操作：第一，先写后说。讨论前，教师让小组成员先独立思考，写下想法，做好准备后再参与交流，各抒己见，最后形成共识。这样可以保证每个成员都有思考的机会和时间，同时避免个别学生独占发言时间，组内成员争着说、同时说的无效学习行为。第二，“抽签打靶”。每位成员独立思考后，小组抽签决定一位成员陈述自己的意见，其他成员以他的意见为靶子，质疑补充。在思维的碰撞中，学生对问题的认识将会更加深刻。在独立学习中合作学习，在合作学习中独立学习，既让个体有独立的生存和发展空间，展示个人风采，又让个体从集体中获得更多信息，使合作之树枝繁叶茂，“动”“静”搭配，相得益彰。

7. 形神兼顾——“形式多样”与“相机求实”相结合

为了活跃课堂气氛，教师可选择多种合作形式，如师生对话、同桌小议、选友讨论、班级交流、诚邀班外人士“加盟”等，还可以适当地将合作学习与动手操作等方式“联姻”，这些做法会使学生兴致盎然。但一些教师矫枉过正，把小组讨论这种教学形式看成是课堂教学的本质特征，唯恐不采用这种方式就会被冠以“传统教学”的名号。尤其是在一些观摩课、示范课上，一些教师为体现自己的“课改精神”，制造“轰动效应”，当起了主持人，让学生自由组合讨论，任凭学生尽情“发挥”，自己则在一旁观看。更有甚者，一堂课始终不见教师，由一两名学生充当“节目”主持人，小组讨论后各自派代表轮流拿着稿件宣讲，教师则陶醉于自己创造出的“活跃”的课堂气氛里，甚至认为这也是“创造”。这样的做法，追求的是合作学习的形式，却可能扼杀学生的主动性。

为了保证学生有效参与，我们可采用以下几种小组合作方式。第一种，并列式。若课堂教学包括几个平行并列的内容，老师可让每个小组负责其中一项，然后各小组分别汇报，以达到全班学习的目的。第二种，拼盘式。老师可将学习任务分割成几个“项目”，各“项目”环环相扣却又各不相同，每个小组分别负责其中的一部分，完成任务后在全班同学面前汇报。第三种，竞赛式。老师可组织学生定期与成绩相当的小组进行一对一的个人比赛（比赛时小组成员不能互助），由此形成竞争机制。因为是能力相近的学生一起比赛，所以各层次的学生都有平等的成功机会。第四种，互问式。小组陈述一结束，其他小组就可以质疑发难，这种商讨提问的方式，可以激活学生的思维，拓展学习内容。第五种，结对式。有时老师的讲解学困生听得似懂非懂，而如果让同伴讲解，他们反而能听明白，这可能就是“童言相通”吧。因此，老师可以给学困生安排一位“小老师”，“小老师”负责“点”，老师负责“面”，点面结合，共同帮助学困生提高。

8. 技巧指导——“直接指导”与“间接指导”相结合

为什么小组的“树”上不一定能结出合作的“果”呢？一个重要原因就是学生缺乏合作技巧、合作精神和分享意识，不知合作方法，缺乏合作技能，这些都会导致学生面对合作时手足无措。“授人以鱼不如授人以渔”，合作技巧是小组合作学习取得成效的关键。学生如果缺乏必要的合作技巧，就无法有效地进行交流，也就达不到有效学习的目的。在合作学习过程中，教师仅仅鼓励学生彼此合作或安排一定的合作程序，还不足以保证小组成员进行高效的合作。因为学生的合作技巧既非与生俱来，也非在团体之中就会自然得到良好的发展，它需要教师通过讲解、示范、练习等方式传授，并在教学实践中逐步培养。当然，对学生进行合作技巧的指导应当循序渐进，相机进行。

如何有意识地“训练”学生的合作技能呢？教师可以这样操作：第一种，直接指导。教师在小组合作学习前提出明确的学习要求，或在小组学习过程中提供适时的指导。例如，告诉学生“交流时，要轮流发言”“要认真倾听同伴的发言”“若有不同意见可以提出来讨论”等，让每个学生真正参与到合作学习中来，而不是做旁观者。第二种，间接指导。教师通过“变式处理”，进行角色转移，让学生在不知不觉中学会合作。例如，让习惯于侃侃而谈的学生担任记录员，使其既能学会倾听，又懂得控制发言时间的道理；让爱调皮、喜欢给别人出难题的学生担任组织者，使其既能学会处理矛盾和冲突，又能够矫正自己干扰合作学习的行为。教师运用以上技巧指导、帮助学生，使其具备小组合作学习所必备的基本技能，这样开展合作学习才能有最基本的保证。

合作学习绝不是一个外力强制的过程，而是一个唤醒内部需要的过程；绝不是简单的形式，而是要求形神兼备、内外统一；绝不是一种形式上的结论，而是一种对接与融合；绝不是一种可有可无的点缀，而是一种方法与品格的形成。

找回失落的主导——教师的讲

经过“新课改”的洗礼，“以学生为主体”的教育理念已深入人心，课堂因此焕发出勃勃生机。然而我们在重新审视、冷静思考后发现，时下不少课堂走向了另外一个方向，即在强调“以学生为主体”时，淡化甚至丧失了教师的主导地位。其中最突出的表现是，在一些教师的眼里，“讲”成了说教式、满堂灌、一言堂等教学模式的代名词，成了公开课、观摩课、示范课、经验交流中的忌讳。如何在确立学生的主体地位的同时，真正发挥教师的主导作用，从而找回失落的主导？如何在课堂中实现“学生主体”与“教师主导”的动态平衡？这些是值得广大教师深思的问题。

一、课堂上教师讲的缺失

课堂上，一些教师刻意回避讲，唯恐被扣上“填鸭式”或“注入式”教学的帽子，于是，讲这种传统的教学方法日渐式微。

1. 替身式——以“学生讲解”代替教师的讲解

课堂上，教师亲切地问：“这个问题谁愿意上来讲解？”一个女孩儿走上讲台，手里拿着教师事先交给她的教案，学着教师的腔调，严肃认真地开始了“讲解”，间或进行提问。她每次提问（都是照着教案读）后，眼睛盯着教案，耳朵听着同学的发言，若同学的发言和教案一致就表扬：“很好，请坐。”若不一致就鼓励：“再想想，请坐。”这个环节结束后，女孩儿终于照着教案说了最后一句话：“好，我就讲到这里，谢谢大家！”整个过程中，教师一直微笑着站在一旁。

这样的方式能体现出学生的学习主体地位吗？非但没有体现出来，还说明教师迷失了自己。教师仅仅是学生讲解后的点评者，调控学生唱戏的“幕后操纵者”，而那个学生却成了“传声筒”，这样的课堂实际上是一出教学的“木偶戏”。看上去教师把课堂表现的舞台还给了学生，实际上并没有发挥出理应发挥的点拨、指导、修正、引领等主导性作用。这样的课堂教学流于表面，效率低下。

2. 呈现式——以“课件呈现”取代教师的讲解

课堂上，教师不停地点击鼠标，密密麻麻的资料及大段大段的解答在屏幕上一一呈现，甚至在学生回答完问题后，教师也是一按鼠标，由课件告诉学生“你答对了”或“请你再想一想”。教师的任务只是点点鼠标，讲讲串词。

在这里，学生沦为了观众，教师纯粹以课件代替讲解，成了课件的“点击者”，忘却了自己“点拨者”的身份。这导致学生在上课时，前面的知识还没有来得及消化，后面的信息又接踵而至。学生对这些知识“景点”的确是饱览无余，但这种走马观花式的学习很难留下记忆痕迹。这种做法说明教师没有弄清楚教与学的本质，是舍本逐末、得不偿失的。如果教师能兼顾课件呈现和讲解，让“视”“听”结合，就将会是另一番景象。

3. 造假式 —— 以“虚假发现”代替教师的讲解

在一节公开课上，只要无人回答问题，教师就会让学生进行讨论。当然，在学生讨论的过程中，教师也不“闲着”，他深入各个小组，仔细指导一番。几分钟后，教师双掌一击，讨论声戛然而止。教师神态自若地问：“哪个小组来发表意见？”于是，教师刚才光临的几个小组纷纷发表“讨论”成果，各个发言均颇具水准。

案例中的授课教师事后道出原委：上公开课时如果遇到冷场，他就会让学生讨论，然后自己到各个小组中，把自己期望学生得出的答案告知学生，讨论后再通过学生的嘴说出来。这不但能应付冷场的尴尬，还常常能赢得听课教师的好评。原来，教师为了体现结论都是学生自己得出的而非教师“告诉”的，采取了这种“兜圈子”“捉迷藏”的方式。殊不知，小组讨论有它的适用条件。若不需要探究的问题也强行探究，甚至虚假探究，不但费时低效，而且背离诚信，得不偿失。

4. 活动式 —— 以“活动体验”的名义弱化教师的讲解

某教师执教以“珍惜时间”为主题的班会时，用四个与时间和钟表有关的谜语导入教学，学生费了好长时间才一一想出了谜底。接着，教师用课件呈现了各式各样漂亮的钟表，学生兴奋不已。接下来的环节更是热闹：学生一会儿看录像，一会儿听音乐，一会儿分组讨论，一会儿动手操作，一会儿正反方辩论，一会儿演出课本剧……教师则跑前跑后忙个不停。

教师创设活动不能只图表面上的热闹，不能干扰和弱化知识和技能的学习以及思维的发展。可在一些教师那里，一说要发挥学生的主体性，就一定要开展某项活动，要让学生的身体动起来，让学生一会儿忙这儿一会儿忙那儿。看似热闹的活动占用了大量时间，而一些重要环节却是蜻蜓点水、一带而过，毫无深度和广度可言。教师之所以会要求学生通过浅层次的交流来印证和演绎教师的发现或教参上现成的结论，说到底是因为未在思想深处真正意识到学生是课堂的主体。

5. 讨论式——以“自主讨论”的由头弱化教师的讲解

课堂上，每当有学生提问，教师就会让学生分组讨论，再进行全班汇总。若再出现疑问，则再次讨论。结果学生天南海北，提什么问题的都有：有些是极其浅显的，有些是偏离主题的，有些是恶俗搞笑的……一堂课40分钟左右，学生真正思考的时间不过10多分钟，其余时间均被无情地分割成“提问”及“讨论”时间。

可以说，这样的教学方式容易出现讨论热烈而回应者寥寥、参与者众而有收获者少的现象。很多学生并未真正参与其中，只是听他人汇报，只能产生类似变教师教授为学生讲授的效果。更何况，其间学生一次又一次被迫中断自己的思维过程，去聆听其他同学所谓“高明”的大段阐释，听完之后，便很难再回到原先的思维起点；或是好不容易重新思考，刚起步又被强行中止。所以，这种看上去热闹的师生、生生之间的多边互动，其实质还是一种单向输出。

6. 沉默式——因“消极无为”导致讲解缺位

在“珍惜时间”主题班会课上，教师让学生说说在生活中应如何珍惜时间，学生踊跃回答。

生 1:“‘凡事预则立，不预则废’，我会事先列好计划，这样遇事时就不会忙乱。”

生 2:“我一心学习，认真刷题，除了吃喝拉撒其他事基本不做。有时我也想帮妈妈做点儿家务什么的，可没有时间啊！”

生 3:“为了节约时间，我经常几件事一起做。”

…………

对以上学生的回答，教师一律不置可否，只是含糊地说一声：“很好，请坐。”

如果教师以“保护学生的积极性”为由，对学生的任何观点和看法都不置可否，不但不讲究科学态度和批判精神，有时连最起码的是非原则都不顾及，教学必将陷入混乱、无序的状态。学生的理解出现偏颇、错位时，教师如果不及时引导，就成了默认、许可，甚至会起到推波助澜的作用。案例中，当学生出现认识上的偏差时，教师一直无动于衷。表面上看，这样的教学似乎彰显了学生的主体性，但由于教师没有发挥评价介入功能，没有进行必要的讲解，直接导致课堂德育功能的缺失。

二、让积极的讲回归课堂

课堂上教师讲还是不讲，讲多还是讲少，均不能说明其教学观念是先进还是落后。讲也可分为积极和消极两种，消极地讲会让学生听后无动于衷、心如止水；积极地讲会使学生积极主动、对知识如饥似渴，在教师讲解点拨后感到豁然开朗。如何积极地讲？教师需要把握时机，讲在着力点上，切实提高课堂的有效性。

1. 讲在“节点”处 —— 学生情感冲突时

执教思想品德八年级上册《难报三春晖》一课时，我引导学生：“我们从小就备受父母的呵护，每个人都有一个温馨的港湾……”谁知话音未落，教室里响起一片嘘声。

生 1：“我的爸爸妈妈只知道忙自己的事，除了给我钱，其他事一律不闻不问。”

生 2：“我的父母很固执，根本听不进去我的意见。”

生 3：“他们总是这样训我：‘我像你这么大时，早一个人带着褥子到黑龙江上山下乡去了。’”

生 4：“我一出门口，他们就问我上哪儿去，跟谁一块儿去，几时回来，甚至不准我去。如果我一定要出去，他们一定要知道同学的名字，并弄清性别、学习情况……”

生 5：“我一点儿自由都没有，无论是交朋友、穿衣服，还是吃东西、看课外书，只要是我的事，他们都要干涉。”

…………

这突如其来的声讨，把我的教学计划全打乱了，可学生说的确实是真话。因为也曾有过类似的经历，所以我没有太慌张，而是选择因势利导：“是爸爸妈妈不爱我们吗？还是他们不知道怎样表达爱？会不会是他们已经表达了而我们却未察觉？究竟是谁不理解谁？是爸爸妈妈不理解我们，还是我们不理解爸爸妈妈？”

学生沉默不语。我开始讲述朱自清那篇饱含亲情的散文《背影》：“作者的父亲送作者上火车之前，作者还曾暗暗讥笑父亲的‘迂’，但是当父亲为了替儿子买几个橘子，费力地爬上月台时，作者望着父亲的背影，终于流下了眼泪。为什么非要等到离别时才能体会到父亲的爱呢？为什么平时不积极地与父母沟通呢？”学生在被感动的同时，也开始反思自己。我趁热打铁，请学生写一段对母爱或父爱的认识，以下是学生的感悟。

生 1:“母爱就像空气一样，没有它我无法生存，而我却常常忘了它的存在。”

生 2:“我们拥有的母爱虽然平凡，但却滋润了我们一生一世。”

生 3:“母亲不会在我入睡前给我讲白雪公主的故事，只会在半夜里给我盖好被我蹬掉的被子；她从不会在吃饭时不停地给我夹菜，只会把我最喜欢吃的菜放在离我最近的地方……”

所谓“节点”，是指学生知识掌握和情感体验的关键点。如果“节点”堵塞，学生的知识和情感就无法获得提升。此时，教师需要通过讲解，打开学生闭塞的思路，引领学生走向广阔的空间。问题解决后，学生会有一种豁然开朗、茅塞顿开的通透感。案例中，我采用反诘和举例的办法，虽然没有华丽的言辞，但是句句切中要害，勾起了学生内心深处的情感体验。这样，课堂就成了师生情感涌动、交汇的地方，而不是教师一人的独角戏。

2. 讲在“拐点”处——学生误入歧路时

执教思想品德八年级上册《礼仪展风采》一课时，我让学生列举身边的事例。一个学生举手，说:“老师，我觉得讲礼仪有时让人觉得有点儿假，我爱怎样就怎样，岂不更真实？”此言一出，有好几位学生表示认同。我反问:“假如在公交车上，我爱把脚搁在座位上就搁在座位上，我爱脱鞋子就脱鞋子，是不是一种真实？这种真实是善还是不善？如果是不善，还会有美吗？”学生恍然大悟，认识到真实的不一定就是美善的，礼仪的本质是对他人的尊重和对自己的珍爱。

课堂上，学生囿于自己的认知水平，在思考的过程中常会出现一些错误的想法，这些错误的想法就是教学中的“拐点”。教师可以从这些“拐点”出发，进行引导点拨，引导学生得出既合乎逻辑又合情合理的结论。案例中，我针对学生的疑虑，随机应变地把预设的描述型“顺叙”教学方式改为生成型“倒叙”教学方式，把学生认知的“空白地带”变为学生求知的“动感地带”，剩下的部分就水到渠成了。

3. 讲在“盲点”处——学生视而不见时

思想品德八年级上册《平等尊重你我他》一课，学生只看标题就知道其主旨。但如果课堂教学止步于此，学生就容易形成情感理解上的盲点，在具体情境中仍旧不知道如何尊重他人。于是，我进行了详尽的讲解：“在国内某所大学，一个学生要是在校内食堂每月用餐 60 次以上，而消费总额在 150 元以下，也就是说，每餐消费不足 2.5 元，这个学生就会引起校方的注意。无须学生申请，校方会在主动核实情况后每月将 160 元或者 100 元补助，打入这位学生的‘校园一卡通’账户。可见，关爱他人的至高境界就是——助人而不欲为人知。”听了这样的讲解，学生自然会记住“助人而不欲为人知”这一关爱他人的至高境界和智慧，而这种境界和智慧的根基便是对他人尊严的守护和人格的尊重。

在课堂上，若有学生不懂或没有关注到的知识点，教师不能采取无视或一带而过的做法，否则学生容易形成认知和情感上的“盲点”。在学习过程中，如果“盲点”积聚多了，又未能及时得到疏通、挑明，那么未解决的知识难点就会越来越多，未感知的情感疑点也会越积越多，学生就会对学习感到畏惧，对情感感到困惑。所以，教师需要给学生指点迷津，通过讲解分析，给学生一个明确具体的答案。当然，消除“盲点”

不能毕其功于一役，要长期地、耐心地解决，通过一个又一个“扫雷”行动，让学生的学习道路越变越宽。

4. 讲在“焦点”处 —— 学生争论不休时

学生在讨论师生应如何相处时，有两种观点：一种认为师生应该亲密无间，因为“亲其师”才会“信其道”；一种认为师生应保持距离，因为教师应保持“师道尊严”。双方争执不下，我适时介入：“师生关系的把握关键在一个‘度’字。有这样一则寓言：豪猪冬天怕冷，便挤在一起取暖。但若离得太近了会刺痛对方，它们马上又分开；分开后觉得冷，便又挤到一起。慢慢地，它们找到了合适的距离，既能互相取暖又不会刺痛对方。这种距离就是‘度’。”学生听后幡然醒悟。

课堂上，学生之间经常会起争执，进行观点上的碰撞，争执双方讨论的话题就成了“焦点”。如果教师能够认真倾听并及时抓住这些焦点，从具体情境出发，找到引导的契合点，巧妙点拨，会令课堂生辉，使学生间的争执成为一笔宝贵的财富。案例中，针对学生间的争执，我试图通过富有哲理的讲解，帮助学生突破现有理解，生成新的认知。面对学生间的争执，教师如果能从容引导，巧妙点化，精彩就会不期而至。

5. 讲在“热点”处 —— 学生兴趣浓厚时

我在课上讲到作弊的危害时，一个学生突然冒出一句：“老师，您当学生时作过弊吗？”一句话让全班学生的目光齐刷刷地集中到了我身上，现场的气氛异常紧张。我先是愣了一下，然后笑着说：“你们想听实话吗？”学生异口同声地回答：“想。”

“那年我上初一，第一次参加政治期中考试。老师有事走开了，我的同桌有一道问答题答不上来，想抄我的试卷。我用手势表示拒绝，这时她也用手势和表情、嘴形示意让我给她打掩护，她翻书抄写。当时我非常害怕，因为从来没有干过这种事。同桌示意说没关系，反正老师不在。看着她从抽屉里拿出书，我紧张地往窗外张望，生怕被老师发现。正所谓做贼心虚，越是害怕的事情越容易发生。只听到窗外响起了一个声音：‘个别同学不要东张西望啊！’霎时，我的脸火辣辣的，恨不得找个地缝钻进去。那是我有生以来最难堪的事之一，但正是从那时起，我发誓再也不做这种不诚信的事，而是一定要坚守原则。在原则和情谊发生冲突时，我会选择前者，否则今天就不会成为你们的老师了。”全班响起了掌声。

要使学生在课堂上的情绪保持最佳状态，教师就应从学生的真实问题出发，哪怕是课堂上的节外生枝和意外插曲，教师也应别具匠心地提炼其合理成分，进行恰当的讲解，让它成为课堂的良好转机。案例中，我用诚信的言行诠释诚信的内涵，并将其作为种子播在学生心里，希望开出一些令人意想不到的诚信之花。当然，对这类讲解，教师要把握好度，切不可为了展示自己的学识、满足学生的好奇心而夸张，只要能打开学生的思路，有助于学生全面理解就可以。

6. 讲在“低点”处——学生思维游离时

我在讲五四运动时，教室外突然响起了鞭炮声，学生的头不由自主地转向了窗外，我随机发挥说：“十月革命一声炮响，首先引起了我们广大在座同学的注意。”学生们听了纷纷会心一笑，自觉地把头转回来，同时把注意力拉回到课堂内。过了一阵，有几个学生开小差，我见状，微笑着说：“现在是广告时间，稍后回来。”这一善意的提醒，令那几个学生马上调整状态，把注意力重新集中到课堂上。

学生的思维开始游离或学习情绪走向低落时，就是课堂教学的“低点”。教师可采用幽默讲述法帮助学生走出“低点”，这是一种活跃课堂气氛、调动学生学习积极性的有效手段。如果把课堂上的40分钟当成一道菜，那幽默的述说就好比一份佐料，它可以使课堂教学这道菜变得更加丰盛可口。案例中，我为了把学生的思绪拉回课堂，给语言涂上了一层名为幽默的蜜，使学生更乐于接受。当然，幽默讲述法只是活化教学的佐料，教师使用它时必须注意不要喧宾夺主，弄巧成拙。

7. 讲在“难点”处 —— 学生困惑不解时

思想品德七年级上册《自我新形象》一课的难点是让学生确立自己在集体中的位置和形象。为了帮助学生掌握这个重点知识，我采用了这样的方法：我先告诉学生们“如果把大家比作一颗棋子，那么集体就是一张棋盘”，然后拿出一个棋盘，并发给每个学生一颗棋子（一张圆形的空白的纸片）。我问学生：“你想做一颗什么样的棋子？为什么？”学生立刻对这个问题充满了兴趣。在经过热火朝天的讨论后，有的学生说：“我愿当一个兵，虽然他很渺小，但走的每一步都很踏实。”有的学生说：“我愿做一个车，为了保卫我们的集体，我随时准备冲锋陷阵。”有的学生说：“我想当一个帅，用我的才智打造一个强大的团队。”……答案精彩纷呈。

案例中，我有目的地引导学生打破常规，另辟蹊径，提出各自的见解。“横看成岭侧成峰，远近高低各不同”，教师引导学生对问题进行多视角的观察、多方位的思考，有可能会让学生得出新的结论。

总之，教师的讲不应是照本宣科的念或有口无心的说，它应该是严谨而不乏机趣、庄重而不乏诙谐，让人听后如坐春风，如饮甘露，感受到语言之妙。

当然，教学方法的使用并不是孤立的，讲授法也只是一种教学方法而已，不是万能药。它和其他任何一种教学方法一样，有其自身的优点和不足，也有它的适用范围。如果教师使用不当，就会出现种种弊端。所以，教师在讲的同时必须与其他教学手段密切配合，形成相辅相成的有机整体，以便让学生满腔热情地听，热烈地产生共鸣。

莫让“提问”成“问题”

提问作为一种最常见的教学手段，因其具有交流直接、反馈及时、灵活方便等特点而备受青睐，是教师最熟悉、使用最频繁的一种教学手段。也正因为如此，它在长期的教学实践中不断被充实、丰富、发展，具有多种表现形式，并起到诸多功效。

然而，细细品味教学实践中的诸多课堂提问后，我们不无遗憾地发现，其中潜藏着不少值得我们反思的问题，许多课堂提问已经变味、走调，失去其应有的价值了。

一、课堂提问中的“走调”现象

课堂提问可以把教师的“教”和学生的“学”有机结合起来，不但能促进学生智力因素的发展，还能促进学生非智力因素的发展，是提升课堂教学实效的最大生产力。但在课堂实践中，关于提问的问题层出不穷，列举如下。

1.“滥”——狂轰滥炸，不厌其烦

有一次在随堂听课时，我特意留心记录下了授课教师的提问，课后一统计发现居然有60个！我计算了一下：40分钟的课

堂，60 个问题，平均每个问题只有 40 秒的时间。假如教师提出一个问题平均占用 20 秒，每次只让一个学生来回答，学生回答问题的平均占用时间为 15 秒，那么学生思考一个问题的时间只有 5 秒！

有的教师为了营造热闹的课堂气氛，突显学生的主体地位，在教学中进行连珠炮似的发问，一问刚完再来一问，由原来的满堂灌变成满堂问。面对这样快节奏和高密度的提问，学生根本来不及深入思考，更不用说组织语言了。学生在教师的狂轰滥炸下，晕头转向，疲于应付。长此以往，课堂上必然会出现集体沉默或“少数学优生撑场面，多数学困生当客串”的局面。且不谈单一的师生问答教学模式的种种问题，单就教学流程而言，这种做法破坏了课堂教学的整体性和艺术性，极大地限制了学生思维活动的空间。学生只能亦步亦趋，被教师牵着走。时间长了，学生很可能会失去学习的积极性、主动性和创造性。

2.“板”—— 按图索骥，不求变通

执教思想品德八年级上册《世界文化之旅》一课时，教师出示了如下几个问题：①山水画《江山如此多娇》让人感受到了哪种美？②《掷铁饼者》是古希腊哪一位雕塑家的作品？体现了哪种美？

生 1：（拿起教材，读）“《江山如此多娇》让人们感受到了祖国河山的雄壮和秀美。”

师：嗯！那么第 2 题呢？

生 2：（也是拿起教材，读）“米隆，体现了人体的和谐、健美和青春的力量。”

师：答得好。

上述教学方式只追求表面形式，整堂课教师问，学生答，看似热闹，实则空洞。表面上看，师生间似乎在进行双边互动，实际上好多学生只是条件反射，随声附和，根本没有思考，没有争论，没有自己的独特理解，更说不上表达力与想象力。学生只需在教材内搜寻一下，马上就可以回答，而且准确率极高。学生只不过是在做“鹦鹉学舌”“答案搬家”的工作。可以说，这样的问题没有多大存在的价值，教师若经常提这样的问题，必然会导致部分学生养成滥竽充数、不愿思考的学习态度和思维惰性。

3.“急”—— 操之过急，造成短路

教师提出一个问题，几个学生回答后，教师似乎并不满意，于是追问：“还有没有补充？”一个学生有些迟疑地举起了手。教师有几分惊喜，说：“好，你来说。”学生回答的速度有点儿慢，教师有点儿等不及了，马上打断：“这一点，刚刚已经有同学说过了。”教师一边招手示意学生坐下，一边继续用眼睛搜索，随后又叫另一个学生起来回答。因为突然被教师点名，学生显得有点儿紧张，说话结巴。教师不耐烦地说：“请坐。”学生红着脸坐下。教师又请一个女生回答。女生有些胆小，声音很小，教师见状，果断地说：“请坐，以后回答问题时声音要响亮一些。”……最后，所有学生均手足无措，默不作声。

在实际教学中，我们经常可以看到类似的情景：教师提出一个问题后，马上要求学生回答；教师发问后根本没有给学生思考的时间，就自己回答了；学生刚准备回答，教师就无意间自己抢先回答了，或是教师粗暴打断学生回答，接过话茬儿自己发挥起来；有时学生还在凝神思考，教师就急不可耐地“点拨引导”；学生回答不完整或没有思路时，教师迫

不及待地请其他学生出马……教师看似在调动学生的积极性，实质上却缺乏对学生起码的尊重，而且干扰了学生的思维进程。结果，一堂课下来，全是教师的观点，没有学生的观点。长此以往，学生对教师的提问就会麻木，从而消极地对待提问，教师最终只能演独角戏。

4.“绕”—— 兜圈绕路，如入迷宫

一位教师授课时想从“乡愁”引入：“一个人待在异乡时间久了，开始想念家乡的亲人，这叫什么？”

“多情。”一个学生答道。

“看来我问得不对。换个说法，如果一个人在异地待了很久，夜阑时分，他看见月亮就会想起自己的故乡，这叫什么？”教师又问道。

“月是故乡明。”学生很干脆地回答。

教师有点儿着急地说：“再想想。”

“举头望明月，低头思故乡。”学生忙着补充一句，语气显然很不自信。看着已是满脸阴云的教师，学生赶紧又换了答案：“海上生明月，天涯共此时。”

“我要求用两个字来回答，不要带‘月’字。”教师的语气有些强硬。“深情。”学生嗫嚅道。终于有机灵的学生在看了教材后答道：“乡愁。”教师听后如释重负，顺着乡愁讲了下去。

提问的目的不是刻意制造些什么，更不是额外添加些什么，而是引发学生思考。可个别教师为了所谓“激发学生的创造性思维”，对这种拐弯抹角的问题创设方式乐此不疲。殊不知，这种兜圈绕路的方式，既浪费了宝贵的时间，又抑制了学生本该活跃的思维。本来教师一句话就可以点明的问题，非要披下盖头来，较着劲儿跟学生兜圈子、捉迷藏。这

种绕路式、猜谜式的提问实在有些多余，不仅会让学生不知所云，无所适从，还会影响和干扰学生的逻辑思维，进而把他们的思维引向歧途，偏离了教学主旨。

5.“诱”—— 搭桥铺路，步步暗示

课前，教师出示了一串问题：①“一国两制”的方针是谁提出来的？②邓小平提出的这个方针首先在哪里付诸实践？③香港的顺利回归有什么意义？

不到一分钟后，学生纷纷举手回答。

生 1：“这个方针是邓小平提出来的。”

生 2：“首先在香港成功实践。”

…………

没有一个学生“跑题”，全部问题一次答对。当时我们就发现了学生“轻松”解决问题的内幕：后面思考题的表述提示着前面思考题的答案。

在这组“连环”式思考题中，第一问的答案就隐含在第二问中，第二问的答案就隐含在第三问中，第三问学生一看教材就知道。在教学中，个别教师担心在讲课过程中出现意外情况自己招架不住，于是，处处为学生搭好桥、铺好路，帮助学生触手可及。遇到稍难的问题时，教师便层层暗示，时时提醒。教师与学生的互动不过是另一种形式的自问自答，课堂提问不过是走过场。这种做法会造成学生认知的“窄化”和思维的“僵化”。教师出示类似案例中的思考题，实际上就是希望学生按部就班地思考问题，希望课上得一帆风顺、平平安安。其实此种类型的思考题应分步、分批地呈现，就可以避免教师被迫将答案暗示给学生的现象。

6.“卡”—— 层层设卡，形同刁难

一位教师给学生布置了这样一道讨论题：“若你不会游泳，见有人落水了，你是否下水去救他？”学生答：“救。”“这岂不是做无谓的牺牲吗？”学生说：“那我只好看他淹死了。”“这符合当代青年的道德要求吗？”学生想了想说：“那我去找船。”“周围没有船。”学生说：“那我喊人。”“周围没有村庄。”学生问：“那我可以找根绳子吗？”“你什么也找不到。”……教师不断加码，加进一些诸如“水很深”“他已经快沉下去了”等刻薄的条件。

学生一开始还绞尽脑汁寻找救人之策，后来发现在教师的刻薄条件下，非但救不了人，自己也走投无路了。学生越思考越觉得问题复杂，越思考越糊涂，越思考越无所适从，只好眼睁睁“看那家伙沉下去”；而教师一直微笑着“请君入瓮”。应该说，教师为了引导学生持续深入地思考而采用不断追加条件的方式确乎是一种良策，但它的前提是不能背离教学主旨。案例中的教师显然忘记了课堂主旨是什么。教师在无关紧要的环节上下功夫，不仅降低了问题的含金量，降低了课堂的有效性，还势必导致课堂的庸俗化，导致宝贵的课堂时间浪费在无意义的人为设定上。出现这类问题的原因是教师对“激发学生的求异思维”的理解还停留在表面。

7.“拗”—— 生拉硬扯，牵强附会

师：“你们喜欢京剧吗？”

生：“不喜欢。”

师：“为什么不喜欢？”

生 1：“太难听。”

生 2:“我就是不喜欢。”

师:“很多外国人很喜欢京剧，你们作为中国人怎么能不喜欢京剧呢?”(板书:京剧是中国的国粹)

下面学生一片肃静与茫然。

案例中的教师把所谓的标准答案作为唯一的标杆，千方百计地引着学生往答案方向走，甚至不惜生拉硬扯，牵强附会。就拿本题来说，如果我们换一种提问方式，也许会产生不一样的教学效果。比如，教师可以问学生:“国内有很多人不喜欢听京剧，可是为什么会有越来越多的外国人喜欢京剧呢?你们不觉得奇怪吗?这一现象有哪些值得我们深思的地方?”然后，教师可留出时间让学生讨论、交流，再从京剧的相关知识（包括如何欣赏京剧等）及如何对待传统文化等问题出发，点拨诱导，营造一个自然、真实、和谐的课堂氛围，想必效果会截然不同。

8.“假”—— 随意杜撰，脱离实情

执教思想品德八年级上册《换位思考 与人为善》一课时，教师设计了一个情境:“假如班里有位同学得了白血病，你会怎么做?”因为问题过于严重，加之又是杜撰，学生一时不愿开口。

问题情境可以假设，可以虚拟，但不能虚假，不能与生活实情相悖，虚拟的问题情境也应该符合最基本的生活逻辑。个别教师为了使教学引人入胜，产生出其不意的效果，挖空心思创设情境，有时甚至对问题情境造假，还美其名曰“课堂需要”。所谓“境”在“情”中生，无“情”“境”难成。一旦问题情境失真、问题内容背离生活逻辑，学生的真情实感就不会被触动，他们就不会积极地思考。这既不利于学生形成正确的观点，也难以达到让学生正确认识生活、了解生活、学会生活的目的。

9.“乏”—— 千篇一律，索然寡味

教师呈现原始人狩猎图，让学生观察后回答：“你发现了什么？”一个学生回答：“我发现画中有九个原始人。”教师面带微笑地示意学生坐下，又问：“还有吗？”又一个学生回答：“画中有一个原始人在摘果子。”教师接着问：“还有吗？”学生相继描述了他们看到的信息，可就是没人提到“狩猎”。教师在连续问了几个“还有吗”之后着急了，只好自己概括出“原始人正在狩猎”。到此时，这一环节已持续了5分钟。

追问成败的关键不在于数量多少，而在于这些问题能否有效地把学生引向最近发展区。概括为一句话，就是要问得其所，让对话从平面走向立体。“还有吗”属于发散式的追问，原本是个好问题，它能激发学生的求异思维、创新思维。但是，有的教师把它当成万能钥匙，满堂尽是“还有吗”，这反映出了教师思维的懒惰。这种空泛的追问因为缺乏指向性而显得苍白无力。如果教师多次机械提问，则会使学生感到乏味，长此以往，会让学生生厌，产生“听觉疲劳”，甚至可能挫伤思考的积极性。

10.“深”—— 难度过大，思维卡壳

在一次优质课评比现场，某教师执教《世界文化之旅》时，提问：“同学们，中西方文化的差异有哪些？你们如何看待这些差异？”学生或面面相觑，或低头不语。教师试图通过敲打学生来激发他们的发言欲望：“你们可是本市最好的学生啊，你们要为自己的学校争光。”无奈，问题实在太难，学生只有沉默。教师又抓了几个“壮丁”，但都是支吾了几声就没了下文。教师的语气里透着失望，学生把头埋得更低了。

在课堂上，问题的设置尤其能显示出教师的功底和智慧。优质的问题都有一个共性，那就是立足于学生的认知水平和思维层次。案例中的教师显然忽视了学情，设置的问题难度过大，且没有坡度和梯度，超出了学生的认知水平，导致学生思维卡壳。加上教师的期望过高，临场应变能力不足，看似鼓励的话中包含否定和失望，挫伤了学生的积极性，导致冷场。其实，在学生一筹莫展时，教师不妨换个角度或降低难度，比如，先展示一些诸如服饰、饮食、艺术等方面能很好地体现中西方文化差异的资料，再设问：“请结合某一个方面的资料谈谈你们更喜欢哪种文化，并说说理由。”教师要为学生搭好思维的台阶，好比劈木头，要引导学生先从容易的地方入手，然后顺势攻克其他关节。

二、“走调”问题的成因分析

1. 底蕴不够，智慧不足

个别教师自身底蕴不够，为了保险起见，凡是教材以外的内容或难度较大的内容，一律避而远之，完全没有拓展开去的胆量，生怕节外生枝。课堂上出现生成性问题时，也是选择忽视，生怕学生提出的问题打乱了自己的上课节奏，往往用“这个问题我们课后再讨论”来搪塞学生，更不用说让学生主动提出问题了。还有一些教师虽意识到了生成的重要性，让学生提问，但因自身的教学机智不够，无法把握方向，结果使课堂教学陷入“问题千个，离题千里”“看起来热闹却达不到目标”的局面，教师也处于进退两难、无法脱身的尴尬境地。

2. 意在惩罚，动机不纯

有些时候，教师提问并不是为了激活学生的思维，而是因为发现有学生精力分散，心不在焉，于是突然发问，借机整治课堂秩序。在课堂上，学生眼睛看窗外、做小动作等均是常见现象，此时如果教师善意提醒，他们的注意力便能很快回到课堂上来。教师可以自然而然地走到学生的身边，俯身看一眼学生或是轻轻敲桌子，这些方式都可以在悄无声息间帮助走神的学生重新集中注意力。那种意在惩罚的提问，固然可以起到提醒的作用，但此举只可偶尔为之，教师不可将其当成杀手锏。一是因为这样做的次数多了，不仅会造成学生“现眼”、课堂“冷场”，还会伤及学生的自尊心，破坏教师在学生心中的形象，破坏师生之间的信任关系。二是因为学生走神固然有自身的原因，但也可能与教师的授课方式有关。一味找学生的问题而不反思自身的原因，是教师反思能力及建设力薄弱的表现。久而久之，学生会无视教师的提问或视教师的提问为畏途。

3. 理念偏差，思维固化

一些教师因为理念上存在偏差，对课堂提问的理解存在种种误区：有的认为一节课只有 40 分钟，每分钟都很宝贵，不能把时间浪费在那些无谓的提问上，偏爱“教师讲，学生听”的模式；有的牢牢地将提问的主动权抓在自己手里，担心学生提问会将课堂带偏，或是自己掌控不住。这些教师在课堂上常常是少提问，甚至不提问。这种做法会导致学生不主动思考、被动接受知识，上课不敢主动发言、课堂气氛死板的局面。其实，教师如果真正树立起问题意识，是不会让无效或低效的课堂提问占用有限的教学时间的。

4. 常规缺失，根基不稳

其实，任何一种有效的教学方式都会涉及课堂常规的建立问题，奋进的课堂学习文化是与教学常规互相促进的。从设计问题、提出问题到等候回答，要使课堂提问更加高效，教师必须用心学习、研究和反思。一些教师没有建立有效的课堂提问常规，比如课前没有精心备课，没有用心设计问题，到了课堂上就“脚踩西瓜皮”，想到什么就问什么，显得很随意。再比如，教师习惯性地表扬回答正确的学生，而对回答问题不完整的或是错误的学生都是予以追问或反问。时间一长，学生一听到追问就会条件反射地认为自己的回答是错误的，或不够全面、不符合教师的意图。可见，课堂提问常规的缺失是教学效率低下的重要原因。

5. 机械刻板，“以本为本”

第一种表现是教师在备课时把问题想得很细致、很周全，并在教案上列得清清楚楚，这本是教师课前认真准备的表现。问题是教师教学时以教案为准绳，不敢越雷池一步。即使设置了一个质疑问难的环节，也只是做做样子，走走过场，提问的权力仍牢牢掌握在教师自己手中。第二种表现是教师只与文本对话，“以本为本”，没有根据教学实际对教材进行合理的重组、取舍，没有真正做到“用教材教”，而只是“教教材”。第三种表现是教师以标准答案为唯一衡量标准和参照准则，甚至要求学生的一词一句都要跟标准答案一致。教师提问只是为了让学生说出教师预设的标准答案，教师是导演兼主演，学生则沦为配角。

6. 垄断施问，漠视主体

事实上，把学生教得没有问题，是在培养考生；而把学生教得不断产生疑问，才是培养学生。问题的生成比问题的解决意义要大得多，所以，鼓励学生用自己的眼睛观察，用自己的头脑思考，而不是把教材作为唯一尺度，把教师的讲解作为唯一标杆，才是课堂的最大价值。然而，很多时候提问都是由教师严格控制的，学生只能被动接受。这种单向的课堂问答方式，会使学生产生思维上的依赖性和惰性。长此以往，他们便会失去主动探究辽阔世界的诉求和能力。

7. 准备不足，仓促应战

“磨刀不误砍柴工”，教师课前深入研读教材是十分有必要的。可以说，教师的深厚修养和对教材的深入钻研，是教师提出高质量问题的前提。为此，教师必须认真研读教材，在此基础上精心构思，用心设计问题，并对问题可能产生的效果事先做一个预估，推敲所提的问题能不能激活学生的思维，如何设计更加合理等。同时，教师还要对学生可能出现的各种反应和回答有充分的估计和心理准备，并事先想好应对措施，这样才能在碰到突发事件时不会感觉到进退两难甚至害怕，才能真正做到收放自如，让生成为课堂增添生机和活力。

8. 忽视评价，消极反馈

课堂上，老师的每一个举动、每一次言说，都是课堂教学的重要组成部分。老师不能只关注课堂的进程，还要关注师生间的交流。从某种意义上说，老师对学生的关注是与授课同等重要的，对学生的关注也是教育行为的一部分。学生可以从老师的关注中得到积极的情感反馈——老师很在乎我。这种在乎会让学生产生愉快的体验，在课堂上更加专注。而在教学中，一些老师常犯的错误是忽视评价，消极反馈，如习惯重复学生的回答；或是简单地用“好”或“不对”一评了之；或是学生回答时走来走去，目光游离，表现出不耐烦，学生误认为自己说错了，便赶快打住。这种消极回应，是打击学生回答积极性的隐蔽杀手。

三、智慧地设置课堂提问

课堂提问是激活学生思维的钥匙和推进课堂教学向纵深发展的法宝。问什么，讲究的是科学性；怎样问，讲究的是艺术性。同一个问题，角度不同，效果也许会截然不同，这样问可以“一石激起千层浪”，那样问则会“一潭死水，微波不现”。如何智慧地设置问题，以触动学生的思维穴位，使提问这一教学手段本身充满乐趣和魅力呢？笔者试着提供以下几种方法。

1.“曲”——“直题曲问”，曲径通幽

执教思想品德七年级下册《挫折面前也从容》一课时，我联想到班级的一位科任老师因为怀孕请假，这意味着接下来的一个学期她都不能到校正常授课。由于学校师资紧缺，教导处能想到的方法是由其他老师轮流代课。这对学生来说是一个不小的考验。于是，我不动声色地提了一个问题：“假如有一块石头横亘在大家面前，你们认为这是好事还是坏事？”大家都觉得是坏事。我问学生：“一定是坏事吗？如果你被它拦住，那它是一块绊脚石；如果你能踩着它攀上高峰，那它就是一块垫脚石，可以帮助我们站在更高的位置上。”学生纷纷表示赞同。我再抛出任课老师请假的问题，问学生有何看法。学生虽然仍有担心，但开始努力开动脑筋，从积极的角度看待这件事，学生纷纷表示：“多位老师来授课，可以让我们见识不同的风格，帮助我们优化思维方

式。”“我们可以借此机会自己当老师。”

直接问是教师最常用的提问方式，它直奔中心，直插要害，单刀直入，一语中的，经济快捷。但直接问的最大弊端是形式呆板，往往难以达到激活学生思维的目的。一味直接问，必定会让学生觉得索然无味。教师不如变直为曲，绕道迂回，旁敲侧击，问在此而意在彼，这样可以有效增加问题的思维含量。尤其在学生思维闭塞时，教师可引导他们转一个弯，突破原有的思维模式，从不同侧面、不同层面寻求更加多样化的结论，拓宽思维空间，调动积极性。当然，“直题曲问”时要另辟蹊径，对同一个问题应从不同的角度和侧面切入，以曲求伸，忌艰涩隐晦。

2.“诱”—— 故意出错，借力用力

在分析我国人均资源占有量时，我让学生用一个词描述我国的资源概况，学生纷纷用丰富、富饶、地大物博等词语概括。我顺水推舟，板书“地大物薄”，学生争相指出书写错误 —— 是“博”而非“薄”。我反问：“真的写错了吗？‘博’为何意？‘薄’又为何意？”学生开始由情绪激动转向平静思考，最终恍然大悟，认识到我国人均资源占有量小的事实。

这样的问题设计真有点儿像棋手下棋：下第一步棋时，已经在酝酿第二步棋。我如果按照一般的逻辑“顺”序发问，学生只需顺藤摸瓜，沿着单一的探究轨道走下去，但这样做最大的不足是思维价值不大，有时甚至还会抑制学生的思维。我想，变顺为逆，改变一下学生的惯性思维，从相反的视角巧设问题，有意识地给学生设置障碍，可以让学生在心理上形成一种冲突，从而培养他们的反思能力。当学生急于解决这些冲突（问题）时，势必要打破自己原先的思维定式。当然，需要注意的是，教师应带着诚意从实际情况出发，而不能故弄玄虚。

3.“趣”—— 寓庄于谐，以趣激思

执教思想品德七年级上册《享受学习》一课时，我创设了这样的问题情境：“请同学们在两分钟内记住泰国首都曼谷的全称（共41个字）。”半分钟后，学生纷纷表示放弃。我再请学生在两分钟内记住李之仪的《卜算子》：“我住长江头，君住长江尾。日日思君不见君，共饮长江水。此水几时休，此恨何时已？只愿君心似我心，定不负相思意。”结果学生都记住了。原因何在？曼谷全称虽然比《卜算子》字数少，但实在太拗口，学生全凭死记硬背，而《卜算子》学生可以在理解的基础上进行有效记忆。在生动有趣的氛围中，学生深刻认识到理解记忆的重要性。

课堂教学需要严谨的问题，以促使学生向纵深方向思考，但过于严谨的问题往往无法激发学生的积极性，所以课堂教学更需要“趣问”。“趣问”是给枯燥的知识裹上了一层糖衣，可以使一个平淡无奇的问题因为有了甜味而增加了吸引力。学生掌握知识的最佳动力是兴趣，“趣问”是巧妙提升学生思维动力的艺术魔棒，它可以产生“错综见意，曲折生姿”的功效。当然，趣味只是活化教学的佐料，教师切忌喧宾夺主。

4.“退”—— 以退求进，“反主为客”

课上，我为了诠释“人生的真正价值是对社会的贡献”这一难点，反过来向学生诉说起自己的“苦恼”：“人生的真正价值是对社会的贡献，我也很想实现自己的人生价值，但我只是一名普通的中学教师，看来我是很难实现自己的人生价值了。”学生先是诧异，继而又异常积极地为教师“排忧解难”。

生1：“教师像蜡烛一样给他人带来了光明，这就是教师的价值。”

生2：“教师为国家培养出很多人才，这就是他们的价值。”

生3：“教师是学生的榜样，而大家不是都说榜样的力量是无穷的吗，可见教师的力量也是无穷的。”

…………

教师围绕学生认知上的疏漏或模糊处及时制造矛盾，以退求进，让学生自行求解，最终幡然醒悟，达到纲举目张的功效，这比教师直接给出答案更有价值。案例中，我反答为问，欲答还问，虽一波三折，却最终柳暗花明。可见，在课堂教学中，教师若有意识地创设情境，甘居幕后，当一个被引导者，不仅可以唤醒学生潜在的主体意识，还可以使学生在“教育”教师的过程中实现自我教育，从而将书本知识转化为自己的知识、能力和觉悟。这里，教师看似充当了弱者，实际上却体现出了强者的智慧，这种以退求进的做法恰恰是以教师为主导、以学生为主体理念的具体体现。

5.“掘”——于无疑处，浅处深掘

执教“遵守规则”主题班会课时，我以过马路为例：“过马路时，如果前方亮着红灯，但两边的车子离你还很远，此时你会怎样做？”

生1：“反正车子离我还很远，我过去应该是安全的，所以我会闯红灯。”

生2：“如果有急事，我会闯红灯。”

生3：“如果看到别人都闯红灯，我就会跟着闯。”

师："现在让我们站在旁观者的角度来看待以上行为，你的想法又是怎样的？"

（学生由原先自由开放的实话实说走向冷静的思考）

生4："对第一种现象，我想说的是，在所有交通事故发生以前，大家都认为自己是安全的，侥幸心理是不幸发生的根源。"

生5："对第二种现象，我想说的是，如果你赶时间，可以想其他办法，比如早点儿出发。"

生6："对第三种现象，我想说的是，如果人人都破坏规则，那规则就形同虚设了。"

…………

上这一课时，一些教师的提问只停留在表面："我们过马路时，该怎么做？"学生很快回答："要遵守交通规则。"这看似完成了任务，但实际上，问题并没有触及学生的内心。这种浮光掠影式的提问绕过了学生认知和行为上的盲点和难点，使学生浅尝辄止。案例中，我从这个认知上浅显但行动上困难的闯红灯现象出发，深入分析，不断追问，增加难度，使学生咀之有劲，品之有味，然后再对症下药，"举轻若重"。当然，问题的难度不可过大，如果难度过大，就会导致学生思维卡壳、课堂冷场的局面，到时教师还须搭桥架梯，另费一番工夫。

6."暗"—— 明暗相间，产生悬念

初三开学后的第一堂课，为了引导学生关注国内外时事，我在黑板上书写"我看 shi"。学生看见后兴致异常高涨。

生1："我认为是'史'，我们要关注历史的发展规律。"

生2："我认为是'时'，我们必须站在时代的最前沿，开拓创新。"

生 3:“我认为是‘是’，我们任何时候都要抱有实事求是的态度。”

生 4:“我认为是‘世’，这个世界本就是日新月异的，所谓‘长江后浪推前浪’。”

生 5:“我认为是‘实’，时代需要我们诚实为人、踏实做事。”

…………

“明问”是开门见山，直截了当，不拐弯抹角，但它缺少变化，不利于培养学生的思辨能力；而“暗问”是一种内在引导，可以引导学生针对一个具体问题进行多角度、多层次的拓展分析，培养发散性思维。在这个过程中，学生会产生很多悬念。这些悬念无疑能牵动学生思维的牛鼻子，从而增加思维的深度，进而产生质的飞跃。甚至临下课时教师可以再来一问，起到类似说书人所说的“且听下回分解”的作用。这就把学生的兴趣由课堂内引申到课堂外，由书本转向了生活，学生听这样的课，就会觉得是一种艺术享受。当然，要注意牵牛鼻子，而非扯牛尾。“牵”不同于“拉”和“扯”，故课堂问题的设计必须以学生的实际情况为基础，这样才能有的放矢，取得不同凡响的效果。

7.“并”——“化串为并”，变散为聚

在课堂上，放手让学生提问是好事，但如果学生提的问题很烦琐，很零乱，该怎么办？对此，我们可以采用下列方法：教师态度鲜明地鼓励学生提问，让学生心里有安全感，人一旦有了安全感，便更容易放开手脚，于是许多创意会不期而至；有学生提出很有价值的问题后，教师可以请他将问题写在黑板一侧，并写上自己的名字，这样，学生就会从关注提问的“量”转向关注提问的“质”，提问前会仔细斟酌；如果问题还是多而散，教师可以先组织学生小组讨论，再筛选出最有价值的问题，或是将所有

问题梳理成一条“问题链”，去粗取精，删繁就简，找出各个问题之间的内在逻辑。

我把一问一答的方式称为串联，运用这种方式收集信息，容易浪费大量宝贵的教学时间。要解决这个问题，教师可采用并联的方式，即在学生回答问题时，教师尽可能让持不同观点的学生充分表达，然后再组织学生讨论“你如何看待他们的观点？有没有其他想法”，这样，学生的想法可以同时呈现出来，而且信息面比较广。实践证明，并联的方式虽然问题数较少，但容量却很大，可以达到省时高效、多方位收集学生信息的目的。当然，我们在采用并联方式时，设置的问题必须切中肯綮，正中要害，瞄准靶心。

上述课堂提问的技巧并不是孤立的，我们需要将多种方法综合运用、互相渗透。教师如能掌握课堂提问的艺术，让一个个闪烁着光芒的问号转化为智慧的火花，这样的课堂便富有意蕴，能真正成为学生成长的精神乐园。

好问题绝不是信手拈来的，而是教师纵横捭阖、殚精竭虑的智慧结晶。我们要在教学实践中仰取俯拾，兼收并蓄，时间久了，自然能形成独特的提问艺术，达到一“问”天然万古新的境界。

别让情境之汤变了味

世界卫生组织建议每人每天摄入不超过5克食盐。如果把5克盐直接放进你的嘴里，你将难以下咽。但如果把这5克盐溶入一锅汤中，那么你在享用鲜汤的同时，不知不觉中就将5克盐吸收了。情境之于知识，犹如汤之于盐，盐需溶入汤中，才能更好地被机体吸收；知识需融入情境之中，才能更好地被大脑吸收。

新课程改革后，许多教师意识到了情境的重要性，于是精心烹调，希望能调制出美味且富有营养的情境之汤。客观地说，许多课堂由此展现出勃勃生机，一改往日单调枯燥的旧貌，让学生能身临其境“潇洒走一回”。然而若细心观察，我们会发现众多教师并没有真正理解情境的本意，没有把握住放盐的度和时机，反而坏了一锅汤，让汤变了味。

一、情境之汤的“变味”现象

1.“虚”—— 简单附着，形同虚设

执教一节以“环保”为主题的课时，教师绘声绘色地对学生说:“同学们，喜羊羊为了守护家园，与灰太狼斗智斗勇。今天我们就和喜羊羊一起，共同守护我们的家园，好不好？”学生的兴致一下子被调动了起来。可后续的内容却让人感到乏味：首先

是“喜羊羊头像 + 材料”，其次是“喜羊羊头像 + 问题”，最后是“喜羊羊头像 + 总结”。那个机智可爱的喜羊羊此刻变得呆板无趣，学生由最初的兴致盎然逐渐变得无精打采。

案例中的教师显然将情境肤浅地理解为“形象 + 问题”，教师创设的情境与教学内容没有内在的实质性联系，忽视了学习本身，游离于教学内容之外。这种形同虚设的情境除了分散学生的注意力外，无任何实际价值。君不见，那本来活泼可爱、聪明机灵的喜羊羊一旦出现在这样不伦不类的场合中，便失去了它应有的磁场效应。因此，如果情境创设未能突出学习主题，将会使课堂时间被浪费在无意义的人为设定上，真是多此一举。

2. “俗”—— 逗趣搞笑，落入俗套

课前，教师创设了这样的情境：伴随着轻松的乐曲，一个搞笑的动画人物走进了一片建筑工地。由于人物形象非常滑稽，许多学生忍不住笑了起来。突然，一块砖从楼顶坠下，不偏不倚地砸在动画人物的头上，人物应声倒地，并发出一声惨叫。因为动作有些夸张，学生忍不住大笑起来，本该沉重的课堂氛围荡然无存。

情境的趣味性不等于趣味化，虽只有一字之差，却折射出教师对情境本质截然不同的认识。情境的趣味化是指过于强调感官刺激，停留于表面趣味。案例中，滑稽的情境与本该凝重的课堂氛围格格不入。这样的情境不但不利于学生的理性思考和全情投入，还会弱化甚至扭转课堂教学的主旨。虚幻的热闹背离了课堂的基调，破坏了课堂应有的和谐美，实在是弄巧成拙。

3.“散”—— 支离破碎，繁杂散乱

执教思想品德八年级上册《享受健康的网络交往》一课时，教师设计了如下环节：网络利弊谈、辩论赛、给故事续尾、分析三则故事、动手设计网页等，学生在教师的指令下马不停蹄地扮演着“搬运工”的角色。一节课下来，学生和听课教师均疲于奔命、晕头转向，原本并不难的内容，反而变得纷繁复杂了。学生对网络原本还“似曾相识”，现在反倒“雾里看花”了。同时，课堂本色也丢失殆尽，异化为混杂着思想品德、信息、美术的“四不像”。

案例中的教师创设的情境过多，导致很多环节失去了展开的空间，课堂上真正用于探索新知的时间少之又少。再加上教师在每个环节上都设置了不同的情境，主题频繁变换，造成各个知识点之间的衔接不够自然，让人有东一榔头西一棒子和支离破碎的感觉。很难想象一个手舞足蹈的人能有效地进行缜密的思维。案例中的课堂成了单纯的活动课，表面上看热热闹闹，实际上却已偏离思维的轨道，造成学生“活动了身体，休息了大脑”的尴尬局面。

4.“假”—— 凭空杜撰，内容失真

执教思想品德九年级《学会合理消费》一课时，教师创设了一个去商场买运动鞋的情境：一款标价每双 127 元，另一款标价 5 双共 565 元，请问哪种更划算？问题出示后，马上有学生质疑：“我看到商场标的都是单价，没有标 5 双一共多少元的。”课后，听课教师亲自到周边的超市、商场等地调查了解标价问题，证实了这位学生的说法。

毋庸置疑，创设与生活紧密联系的情境，对改变因教师无视生活而造成的干枯课堂，无疑是有积极意义的。但联系生活是指从学生熟悉的社会背景中提取出相关信息，这些信息应该符合起码的思维逻辑，能从生活中找到原型，而不是教师凭空捏造。案例中，教师虽然关注了生活，但创设的情境却违背了生活常识，导致虚拟情境异化为虚假情境，课堂教学也就失去了本应有的真实和深刻。这样的情境成了一朵塑料花，看起来鲜艳，却没有生命力，更谈不上活力。

5.“离”—— 无的放矢，不着边际

一位教师在执教思想品德七年级上册《自我新形象》一课时，请学生寻找自己身上的缺点，并把它写在自己折的纸飞机上。然后，教师带领学生去操场上放飞纸飞机，意在告别自己的缺点。结果，纸飞机飞上去又落下来，纸飞机在操场上随风飘荡，学生玩得不亦乐乎，情绪高昂。一节课的时间过去了，师生都还津津有味地沉浸在“情境”之中，难以自拔。

不难想见，教师创设放飞纸飞机这一活动情境，其本意是让学生动起来，可结果却将学生关注的焦点引向了放飞机本身。学生因受到热闹场面的干扰，在情境中流连忘返，迟迟不能回归正题，影响了后续的学习及深入思考。这种情境徒有华丽的外表及虚假的热闹，对引发学生思考、激发学生探究没有多少益处，最终只能“乱花渐欲迷人眼”，使课堂陷入一种虚假繁荣。

6.“潮”—— 追新逐热，导致“撞车”

神舟七号载人飞船成功发射是一件举国欢庆的大事，也是当时的热门话题。于是，教师围绕它而创设的情境不胜枚举，一时成为潮流，课堂情境也因此屡屡“撞车”。甚至一些完全不相关的主题也以此导入，牵强附会，生拉硬扯，让人听得如坠云里雾里。

创设与时事热点紧密联系的情境，可以体现自身对时事的敏感性，所以许多教师往往会选择极具时代气息的时事作为教学情境，想方设法将知识融入瞬息万变的时事情境中，以期与时代脉搏同步。可联系时事不能沦为一种时髦，它必须为我们的教学服务，否则就失去了其应有的价值，同时容易造成牵强附会之感。难怪有教师感叹：“一听到与神舟七号载人飞船有关的情境就想逃。”并非它不好，关键要看是否切题。

7.“诱”—— 虚假允诺，美丽谎言

为调动学生的积极性，教师以春游作为情境主线，贯穿全课。教师甚至不惜开出“课后带学生去春游”的条件。学生听后热情高涨，异常活跃，课堂教学圆满成功。下课后，学生将教师团团围住：“什么时候去春游？”教师一愣，随即敷衍道：“以后再说吧！”“啊？！”学生的脸上写满了失落与无奈。

案例中的教师以春游作为诱惑，课堂看似获得了成功，但这种虚假的成功往往会蒙蔽教师理性的思考。其实，这样的课堂再成功也不值得我们为它高兴，因为它至少向学生传递了这样一种观念：人有的时候可以不讲诚信，甚至可以为了达到目的而不择手段。如果教师经常不兑现承诺，长此以往，学生明白教师只不过是说说而已甚至是忽悠时，理所当然会产生一种被愚弄的感觉。以后学生再面对类似的情境时，还会像那天那样充满激情地投入到学习中来吗？

8.“缚”—— 过多预设，束缚思维

让学生认识到身边处处有规则是教学中的一个难点。教师通过课件出示车站、图书室、食堂三个场景，然后让学生说说身边有哪些规则。结果学生受此干扰，所描述的规则均离不开这三个场景，思维活动没有半点儿旁逸斜出，当然无法体现出生活“处处”有规则。其实教师换一种方式，不出示场景，直接让学生描述，答案一定会多姿多彩。

情境可以为课堂提供丰富的信息，但越位的情境反而会成为圈套，干扰学生对问题的思考，降低学生的思维广度，让学生陷入思维定式的框框里。案例中，教师教学时带着自己的预设和构想，主观性很强，结果剥夺了学生自由思考、自由想象的时间和空间。学生受情境的影响，被情境牵着鼻子走，没有自己独特的见解和思路，依葫芦画瓢，始终处于消极被动的地位。可以说，正是由于情境的“越位”造成了学生思维的“缺位”。

9.“断”—— 前后脱节，失去关联

执教思想品德八年级上册《难报三春晖》一课时，教师选取了影片《垂直极限》中的一个片段进行导入：悬崖峭壁上，父亲与儿女三人命悬一线。父亲为了把生的希望留给两个孩子，逼儿子割断绳索。绳索断裂的一瞬间，父亲的身体直线坠落……影片情节扣人心弦，再加上刺激的音响效果，观者无不为之震动，教师顺利导入新课。但在后续的教学环节中，教师一直在不厌其烦地讲解，学生越听越乏味。

在课堂教学中，一些情境常常昙花一现。教师在课前花费大量的时间和精力制作课件就是为了导入新课，引入课题后，这个情境就被丢在一边，不再起任何实质性的作用，这样的情境设置仅仅起到了摆设和敲门砖的作用。固然，良好的开端是成功的一半，但如果一堂课只有导入环节创设了情境，我们又如何保证整节课上学生一直拥有饱满的情绪和热情呢？若导入情境异常精彩，会使学生处于一种高度兴奋的心理状态，随后平淡甚至是枯燥的教学内容反而会让学生产生巨大的心理落差进而分散注意力，从而影响学习效果。

10.“游”—— 引导不力，主旨游移

> 教师出示《北京人狩猎图》，让学生观察并回答：“你发现了什么？”学生有许多发现：“我发现图中有九个原始人。”“原始人的手中举着火把。”“原始人在追逐猎物。”“原始人的手中还拿着木棍。”……学生一直有新的发现，教师在肯定的同时不断追问：“你还发现了什么？”于是，学生又有新的发现，甚至连“我发现地上有几根骨头”都成了“发现”，课堂教学漫无边际地发散开去。

创设情境本身不是目的，其目的和意义在于“引”—— 引发学生的好奇心和求知欲。一旦学生的思维被调动起来，教师便不应再流连于此，而应忍痛割爱，把学生的思维导向高处。这就需要教师充分发挥主导作用，提炼恰切的问题进行引导，充分发挥情境的作用，为教学服务。案例中，由于教师缺乏进一步的点拨，学生的思维只停留在浅显的层次上，他们的表述只是使用同一思维策略的不同结果，变换的是形式而不是本质，思维的深度在这种肤浅的活跃中被埋没了。个别教师还对这样的情境津津乐道，自以为是在培养学生的发散思维，殊不知，这种做法既浪

费了时间，又限制了学生本该活跃的思维。

二、情境“变味”背后的成因分析

1. 主次错位，本末倒置

教师创设情境时需要从服务教学的角度思考其合理性和必要性。如果没有抓住一节课的教学重点，对学生的认知起点定位不准，忽视情境背后所隐含的主题线索，那么即便所创设的情境很吸引人，也很难说是成功的课堂教学。在教学中，一些教师忘记了创设情境的目的，将情境和教学内容的关系本末倒置了，从而出现了既脱离教学内容又远离教学目标的无效情境。这种过分追求情境表面效果的做法违背了初衷，影响了学生对课堂教学实质内容的关注，让学生出现理解上的偏差，从而影响了课堂教学的效果和学生的后续学习与理解。

2. 理念偏差，过度作为

一些教师对情境创设存在理解上的偏差，认为每节课都必须要有情境。甚至有教师发出这样的感叹：“如今上公开课或参加教学评优活动，如果没有创设情境，不知听课教师和评委们会怎样评价这堂课？”甚至有人认为“无情境不教学”。于是，不管什么课，都用情境去包办，把情境当成万能工具；不管什么课，都用情境没商量，把情境视为固定程式；不管什么课，都用情境来装扮，把情境当成点缀。结果是机械创设，反成负累。试问，如果我们陷在误读情境的泥沼中，又怎么可能有真正的领悟和把握？

3. 追求形式，装点门面

真实的课堂并不总是激动人心的，更多的时候是平平淡淡、实实在在的。可以说，真实、朴实、扎实才是课堂教学应该具有的风格。因此，我们在设计教学情境时应保持自然平和的心态。情境创设只是一种手段，我们应根据具体情况具体分析，主要是视教材内容而定。之所以出现情境使用的误区，一个重要原因就是教师的心态出了问题。一些教师上公开课时急于表现自己，一味追求形式上的创新，为了吸引眼球而绞尽脑汁地去创造“迷人”的教学情境。为了追寻形式上的繁华、艳丽而抛弃情境的实质，无疑是一种买椟还珠的行为。

4. 调控不力，张弛失度

教师创设情境时需要把握时机，张弛有度，调控自如，启发学生积极思考，把由情境带来的短暂兴奋逐步过渡为对所学知识深层次的体验与认知，这样学生才不会出现心理疲劳，保持旺盛的求知欲。可以想见，如果创设的情境时间过长，缺少变化，学生的兴趣就会衰减、淡化；而如果创设的情境铺垫不够，展开不足，学生又很难入情入境。所以，教师要恰当地调控情境，以适合学生的实际情况。可在实际的教学中，一些教师对情境的调控往往失度，要么铺垫过于细致，导致课堂低效；要么铺垫不足，使学生无所适从。

5. 课件情结，过多依赖

多媒体课件集声、光、电于一体，可以将抽象的知识变为具体可感的内容，把静态展示变成动态播放，从而把学生带入一个神奇的世界。

多媒体课件可以让学生身临其境，兴趣盎然，有助于提高教学质量。但在使用过程中，一些教师往往过于依赖多媒体，以课件代替板书，代替思考，走入了另一个误区。结果是繁杂多变的幻灯片使学生应接不暇，顾此失彼，最终束缚了学生的思维。教师虽然在行为上操纵着多媒体，但精神却被多媒体所操纵；学生的视听虽然被多媒体所吸引，但思维却被多媒体所限制，于是师生共同被多媒体牵着鼻子走。

6. 思维僵化，选择无当

如果教师创设的情境贴近生活，不仅能为学生提供一个参与活动的平台，还能为学生架设起一座联系生活的桥梁，让学生获得将课堂知识在生活中加以应用的体验。但贴近生活并不等同于生活，而应是高于生活；它不是对生活的简单复制，而是对生活的再加工。可在实际的教学中，一些教师把情境联系生活等同于情境的生活化，结果是只关注了现实生活而丢掉了学科特质，阻碍了情境内在功能的发挥。同时，我们强调创设情境要联系生活，意思是要有方向地筛选取舍，而不是把凡是有趣的生活素材都当成情境来源，不加选择地照搬，毫无节制地开发。

7. 情意虚假，失去真味

情境中不仅包含场景，还包含情感。“情”是指师生在“境”中的情感交流和思维互动，若没有教师的情感投入，哪来学生的生活之真情、学习之热情、奋发之激情？如果教师能用情、用心地投入，很多情景就自然会升格为情境，学生的情感世界就会更加丰富。可在实际的课堂教学中，个别情境的创设从认知层面看是到位的，可它的情感却是虚假的。这种虚假造作的情境会使教学偏离轨道，学生也会产生不良的情绪体验，课堂和谐无从谈起，教学效果大打折扣。

8. 盲目模仿，迷失方向

面对潮流，我们习惯了模仿，却很少去寻找源头；我们习惯了被告诉，却很少自己去思考。情境教学法的流行，使一些教师一股脑地跟着名师学习，却往往只停留于简单的模仿。每个人的差异是显著的，所以我们向名师学习的应是其精神实质而不是外在形式。再加上教学对象具有不确定性（学生所处的社会环境、文化背景不同，生活经历不同，他们具备的生活经验、活动经验和知识背景就有差异），教师如果盲目跟风，就容易东施效颦，创设出无效情境。所以，面对情境创设，我们应少一些不切实际的口号，多一些理性的思辨。

9. 忽视学情，背离主体

年龄不同、生活背景不同的学生，对情境的兴趣指向也存在着差异。如果教师创设的情境与学情不符，与学生的知识经验不能有效对接，必然会给学生人为地设置信息障碍，进而影响其深入地思考。例如，一些教师喜欢用充满童趣的语调来描述情境，而且总是喜欢用某种动物的故事，以致学生抱怨连连："这种故事我们都听了几十遍了，还把我们当小朋友看。"而个别教师的授课高深莫测，艰难生涩，虽然内容来自现实生活，却与学生的实际生活相距较远，不能联系学生的生活经验和知识背景。学生如听天书，昏昏欲睡。这些都是由教师忽视学情带来的副作用。

三、让情境之汤回归本味

上述种种情境之汤的"变味"现象，让我们不禁反思：这样的情境有多少营养价值？它对学生的身心成长又有何裨益？故此，我们呼唤本真教学情境的回归。如何让情境之汤回归本味，并能韵味流长呢？笔者结合实践，提供以下建议。

1.“新”—— 巧选角度，平中见奇

识记行政单位是教学中的一个难点。我并没有让学生机械识记，而是先让学生说说自己身份证号的前六位数。学生惊奇地发现，大部分都是33开头。我告诉学生，身份证号的前六位是地址码，地址码是指编码对象常住户口所在县（市、旗、区）的行政区划代码。学生这才发现原来浙江省的地址码是33。原本熟视无睹的一串数字竟然与自己的故乡有着某种关联，学生瞬间来了精神，开始兴致盎然地讨论，课堂教学走向了高潮。

教授行政区划相关内容时，多数教师会在学生识记完行政区轮廓后，让学生死记硬背省级行政单位的全称、简称和行政中心。而在案例中，我试图通过新颖有趣的情境，巧妙地拨动学生的思维之弦，诱发学生的学习兴趣，启迪他们的思维，激活他们的求知欲，唤起他们的好奇心，让他们在为认知做准备的同时进入愉悦的情绪状态。可以想见，学生的内心必会深受触动，这节课也必将在其心中留下深刻的印记，对他们的学习产生持久的影响。

2.“精”—— 简洁明快，切中肯綮

我国西部地区严重缺水，个别区县平均每人每天的用水量只有3千克。3千克水有多少呢？我把盛有3千克水的塑料袋拿给学生看。学生看后惊讶地说：“这么少哇！”

在教学中，如果用三言两语即可描述清楚的情境，我们就无须为了追求表面上的热闹和某种形式而把简单的东西人为地搞复杂了。此时，短、平、快的方式更有利于提高课堂容量与效率。所以，我们在创设情境时既要考虑情境丰富教学过程的作用，又不要忘记教学目的。我们创设教学情境不是为了观赏，也不是为了刻意制造些什么，额外添加些什么，而是为了教学目的服务。案例中，我试图通过设置简洁明了的情境，第一时间使学生产生认知上的冲击，进而引起他们的情感冲突，最终直达他们的心灵深处。可以说，这样的情境既朴素、经济又不露痕迹，悄无声息地将枯燥的信息深深印在学生的脑海里。

3.“趣”—— 趣味盎然，以趣激思

讲到明朝的农业时，为了给学生留下一个直观的印象，也为了联系生活实际，我设置了这样一个问题：“我们中国人特别注重‘吃’，已经不是简单地停留于满足口腹之欲，而是借着‘吃’完成生活中的仪式感，传递伦理和趣味等文化信息，甚至以‘吃’比喻治国，如‘以鼎调羹’‘治大国若烹小鲜’等。同学们是否留意过，市面上有番茄、番薯、番石榴、番荔枝等‘番’姓食物，也有胡萝卜、胡瓜、胡葱、胡桃、胡椒等‘胡’姓食物，你们知道它们取名的缘由吗？”

学生们顿时兴致高昂，热烈地讨论起来。最后，我总结并介绍了“胡”姓作物和“番”姓作物的大致引进时间和引进方式，还介绍了几种家常菜的食材原产地。学生们惊叹历史竟然可以如此有趣，还举一反三、由此及彼地出题目互相考查。

人形成新的认识一般要经历好奇、生惑、思考、探究、形成新理解的过程。所以，为了更好地激发学生的学习兴趣，我们必须创设一些生动有趣的情境，使学生的兴趣在短时间内被激发出来，从而产生探究的欲望，进而把课堂当成学习的乐园。案例中，我试图通过充满趣味的情境，让学生用自己的眼睛去观察、发现、甄别，用自己的心灵去体验、感悟、回味，用自己的头脑去联想、生发、开拓，最终变“悱”为达。当然，教学情境的趣味性不能只停留于表面，更重要的是将学生的兴趣转化为内在的发展需要，即让学生对学习本身产生兴趣。

4.“活”——顺手采撷，灵活应变

我执教思想品德七年级下册《挫折面前也从容》一课时，电脑突然死机。我尝试操作了几次，没有见效。我肩膀一耸，双手一摊，表示很无奈：“现在老师也遭遇挫折了，你们愿意与我共度难关吗？”学生大声回答：“愿意。”我抛开课件，更为动情地讲述故事、更为充分地利用黑板、更为耐心地倾听学生的回答；而学生也更为积极地投入、更为主动地回答问题、更为深入地思考……师生共同演绎了一出以“坚强”为主题的课堂故事，这本身就是对课题的最好诠释。

教师创设情境应追求自然和真实，依据学生的现有水平，贴近学生的实际经历，合乎学生的学习本质，自然展现学生真实的学习过程。案例中，意外事故在不经意间成了宝贵的情境资源。我努力挖掘事件中的积极因素，为学生也为自己创造了成长的空间，师生都置身其中，主动尝试和解决问题。此时的情境不是摆设，不是点缀，不是装饰，不是标签，而是达成教学目标的脚手架。

5. “导”—— 情境其表，问题其里

执教一节以“规则之美”为主题的课时，我拿了一叠书签作为“礼物”送给学生。我让第一、第二组同学先上讲台领取。学生纷纷拥上讲台，你推我挤，大呼小叫，生怕抢不到自己喜欢的图案，有几张书签在争抢中被撕破。良久，学生总算各归各位。我问第三、第四组同学，看了刚才的一幕有何感触。所有同学都认为，前两组同学不仅因为不遵守秩序而造成了混乱，还损坏了礼物，实在是毫无美感可言。我让后两组学生上讲台领取书签，学生自觉排好队伍，秩序井然。顷刻，书签分发完毕。通过两组的对比，学生深切地感受到“不以规矩，不能成方圆”。第一轮领取的同学纷纷表示印象很深，历久难忘。我顺利导入新课。

情境的落脚点是教学内容，情境的创设应直逼教学内容的思维内核，在教学内容和学生的求知心理之间搭起一座桥梁。如果只停留在表面，就无法让学生认识到问题的意义，那么这样的情境就如同空中楼阁一样，毫无意义。所以，好的情境要隐含一些关键信息，情境其表，问题其里，有效地引发学生思考，让学生触景生思，并使思维处在一种拾级而上、层层深入的状态。案例中，我通过创设一个启发学生思考的有趣情境，比较有效地突破了该课题高度抽象的难点，使学生通过感性的切身体验体会到规则之美。课堂主题自然生成，顺理成章。

6. “堵”—— 适度设障，引导思维

执教思想品德七年级下册《让我们选择坚强》一课时，我出示某国的地图，并出示了几幅该国的风景图（该国的南部是大片沙漠），让学生猜测该地的生产和经济状况。学生纷纷断定该

国是不毛之地。我告诉学生，直到一个世纪前，这里仍是一片荒凉、贫瘠和没有希望的土地，但现在却是一片沃野良田。这个国家是名副其实的“欧洲果篮”和“欧洲人的大花园”，是世界上唯一一个建立在沙漠上的发达国家，它的名字叫以色列。这个国家是如何创造奇迹的？学生顿时充满好奇，急着想知道发生了什么。

为了培养学生的求异思维，教师在创设情境时可以设置一些障碍，把裸露的知识包装起来。这样，有些问题学生可能不能及时回答，却能造成一定的认知冲突，使他们在课堂上处于一种积极思考的状态，既保持了思维的张力，又培养了思维的活力。当然，把握障碍的度非常关键：如果问题过于简单，学生思考空间很小甚至无须思考，学生容易养成虚浮的学习态度；如果问题难度过大，学生会摸不着边际无从下手，常常在外围兜圈子甚至迷失方向。最佳的状态是接近学生的最近发展区，使学生处于一种知识上的困窘。这可以有效地唤起学生解开谜团的欲望，增强他们的学习原动力。

7.“比”—— 形象类比，触类旁通

执教一节以“环保”为主题的课时，我拿出一张白纸，然后在上面涂鸦，再请学生想办法擦去印迹，结果学生好不容易才擦掉。接着，我把白纸折了一下，让学生想办法抚平，结果学生也是花费了好大力气才抚平。他们顿时明白：这张白纸就好比优美的环境，哪怕只是被轻微地污染，我们也要花大气力去整治，而且不一定能恢复原貌。

案例中，我从生活中选取了与主题有关的实例，很快把学生的注意力集中在教学内容上。我试图通过直观演示的方法，使课本上抽象的知识具体化，深奥的道理通俗化，从而使学生产生一种熟悉感、亲切感，起到触类旁通、引人入胜的效果。我希望自己可以为学生提供体验的机会，不仅帮助学生树立正确的环境观，而且激发他们的求知欲望和探索精神，使学生在体验的过程中获得知识和情感，为他们后续的深入探索埋下伏笔。当然，教师在创设这样的情境时，一定要尽量使情境内容生动、丰富、形象。

8.“渲”—— 做足铺垫，渲染气氛

执教思想品德七年级上册《学习新天地》一课时，我故作神秘地要求学生参加一个主要考查快速反应的能力的测试，时间很紧，只有两分钟。我还强调，为了体现公平，学生需等到试卷全部发放完毕后，听口令统一开始做，时间一到必须停笔。学生个个凝神细听，等我一宣布“开始”，个个奋笔疾书，我一脸严肃地对表，并不时播报“过了一分钟”“过了一分半钟”“还有二十秒”“倒计时，十、九、八……三、二、一，停！”学生无奈地停笔。我问学生有何感受，有学生说时间太快了，有学生说太紧张了，脑子里一片空白……我让学生再看看最后一题，学生惊讶地发现这次测试只要求做第一题，即只需填写自己的姓名和班级，否则视为不合格。学生顿时明白了，学习也须讲究“磨刀不误砍柴工”。

案例中，为使测试更加刺激，我做足了铺垫，努力让学生入情入境：为说明测试的重要性，故意说本次测试是考查学生的快速反应能力；为增强测试的神秘性，测试前提出了许多要求，要求学生不能违背清规戒律；为强化测试的紧迫感，用电子表计时，并不断报时甚至倒计时报时。我的这些铺垫使学生的内心产生了悬念，十分投入地参与活动。学生由

于过于紧张，没有一个人测试合格，由此获得了深切的体验和深刻的感悟。可以说，我的前期铺垫，产生了极佳的教学效果。

9. “俏”——“华而又实”，锦上添花

执教思想品德八年级上册《世界文化之旅》一课时，我制作了精美的课件，展示了各国富有代表性的文化：奔放的西班牙文化、稳重的德国文化、浪漫的法国文化……学生享受了一顿视觉饕餮大餐。这个环节为学生认识各个国家和民族应相互尊重、相互促进、实现和谐发展埋下了伏笔。

在教学新的知识点时，如果教师能及时把好学生的第一印象关，创设与知识点密切相关且俏而不虚的情境，让学生能够对情境一见钟情，将对学生的后续学习产生极大影响。案例中，我努力把静态的信息变为动态的情境，将枯燥的学习变得富有趣味性和连贯性，使情境成为学生与知识进行对话、心灵交汇、情感交流的载体。课堂上弥漫着浓郁的异国风情，学生似乎已隐约触摸到了世界文化跳动的脉搏，感觉自己正慢慢地融入各国文化。

10. “连”—— 嫁接生活，引入活水

执教思想品德九年级《统一的多民族国家》一课之前，我让学生搜集第四套人民币。学生听了我的要求，有些丈二和尚摸不着头脑。课上，我开始“抖包袱”：“人民币作为我国法定货币，与各族人民的生活息息相关。它使用了各民族人物的头像和文字，请大家仔细辨认。”学生充满热情地一一辨认：壹角正面是高山族和满族男子头像，贰角正面为土家族和朝鲜族姑娘头像，伍角正面为苗族和壮族妇女头像……学生在不知不觉中增强了对各少数民族的认识。

教师创设情境应从学生的生活经验和已有的认知基础出发，充分挖掘和利用学生资源。对此，陶行知先生有过一个精辟的比喻："接知如接枝。"他认为，一个人学习时要以自己的经验做根，以这经验所生发的知识做枝，这样才能接上别人的知识。案例中，如果我平铺直叙地介绍各个民族，势必会枯燥乏味。所以，我借用人民币这一生活中常见的物品，希望可以接上生活的连理枝，激活学生的思维。

总之，情境创设如同煲汤，如果我们把情境的合理性视为选择汤料的前提，把趣味性看作汤的味道需求，把问题性看作汤的质量要求，那么有效性则是汤的价值追求。理想的教学情境强调"情"与"境"的完美融合，强调师生之间、生生之间的心理体验（即"情"）与课堂氛围（即"境"）最终达到高度和谐，浑然一体。只有这样，才能使课堂真正成为学生成长的精神乐园。

平衡好课堂评价的天平

课堂是学生学习的主阵地，而评价作为师生交流的有效方式之一，犹如一条线，贯穿于课堂教学的始终。因而，新课程改革把承载着知识传递、情感交流的课堂评价看成实现课堂教学价值追求的有效手段。

课堂评价犹如天平，一方过重或是过轻都会使天平失去平衡，失去它应有的导向作用。但在教学中，有一种现象应引起我们警惕，那就是我们的课堂评价常因过于侧重某一边而失衡。这些失衡现象表现在哪些方面？其背后的成因是什么？该如何实现平衡？

一、课堂评价天平的失衡现象

1.“滥”—— 次数过于频繁

在一堂课上，某教师鼓掌式表扬用了 15 次，“竖大拇指”式表扬用了 12 次。课后，笔者去采访了被表扬者和表扬者，问他们在得到别人表扬和表扬他人时有何感觉。出人意料的是，得到的回复几乎都是“没什么感觉”。也就是说，受到表扬者并没有多少喜悦，而送出表扬者内心也没有多少羡慕。

许多教师在教学过程中十分重视肯定性评价，但是，过多的清一色的肯定评价会占用很多宝贵时间，师生的注意力也容易被这种热闹的形式吸引，独立的、有价值的思考在悄然间被淡化了。还有的教师在每节课中除对学生进行即时评价外，还特意安排一定的教学时间或教学环节让学生进行专门的评价活动，而且极力追求评价参与人员的广度、评价内容的面面俱到、评价方式的多样化，这不仅会挤占课堂教学时间，还会导致教学环节过渡得不自然，给学生一种突兀感。这是一种为评价而评价的形式化的做法。我们可以发现，从投入与最终的产出比来看，这是得不偿失的。

2.“浮”——片面注重表扬

执教思想品德七年级上册《善于调控情绪》一课时，为了让学生增加角色体验，老师特地让学生即兴谈谈今天的收获：“今天你快乐吗？请说说理由。”老师的话音刚落，一个女生就把手举得高高的，这是她第五次发言了。她说：“老师，我觉得今天很快乐。以前，在家中，爸爸妈妈总说我这个不好那个不好，在学校里老师也不怎么表扬我，今天得到了老师的表扬我感到很高兴……”她没怎么得到过老师的表扬？据了解，该生活泼大方，发言积极，且年年都是“三好学生”。显然，女生没有说真话！再看老师，只见她轻拍女生的肩膀，说：“是吗？很不错呀，你语言流畅，观点独到，祝愿你今后能得到更多的表扬！”同学们轻轻地发出嘘声……

新课程改革强调尊重和赏识学生，有的教师狭隘和片面地理解尊重与赏识，认为尊重就是迁就，赏识就是表扬，不管学生表现如何，一味称好，而对学生的不当行为或错误行为却轻描淡写。其实，和一味惩罚并不可取一样，一味地夸奖同样弊大于利。教师一开口就是“很好”“真棒”，长此以往，学生就会对这种廉价的“很好”“真棒”产生免疫力。

那种不假思索、脱口而出的夸奖不仅不能对学生产生积极的引导，反而可能让学生形成虚浮的学习态度，助长华而不实的学风。如果评价失去了价值导向作用，那么它本该拥有的促进学生发展的功能也就丧失了！

3.“俗”—— 过于倚重实物

讲台上放着一只“魔箱”，教师像魔术师一样，不停地“变”出奖品，奖励给上课表现好的学生。开始时这招还很奏效，学生回答问题异常积极，教师看了满心欢喜。但得到奖品的学生不停地摆弄着奖品，还向别人炫耀，哪里还听得进教师的声音？不一会儿，奖品发光了，没有得到奖品的学生发出失望的叹息声，刚刚被调动起来的激情一下子没有了。

看得见、摸得着的实物奖品常能引起学生的兴趣，所以有的教师经常在课堂上对学生进行物质奖励。这种评价方法虽然有一定的可取之处，能在一定程度上提高学生的积极性，但如果教师过多地使用，效果就会适得其反。有的学生会把心思花在怎样得到奖励上，其注意力和兴趣也被奖品所吸引，不仅会忽视学习本身，减少倾听和思考的时间，而且容易滋长功利心。随着时间的推移，学生会发现这些实物并没有多少用途 —— 我有，你有，大家有，已不稀奇；吃的，玩的，全都有，已呈富余。原来的糖水变成了淡水，他们的乐趣就消失殆尽了。

4.“假”—— 情意过于虚假

在一节课上，一个学生满心欢喜地送给老师一张自制的贺卡。老师微笑着收下，并且说：“真漂亮！”学生一脸满足。然而，第二天，送贺卡的学生却在走廊尽头的垃圾桶里发现了自己送给老师的那张贺卡。他从此不再相信该老师，不再喜欢该老师，也不再喜欢该老师教的那门课。

真诚不仅是评价行为的出发点，也是所有教育行为的出发点。虚情假意、敷衍应付、言行不一，这样的评价不但不能促进教学，还会弱化教育功能、矮化教师形象、恶化师生关系。案例中，教师的行为不仅严重伤害了学生的自尊心，还会使教师在学生心目中的形象大打折扣，教师可能要付出失去学生信赖的代价。更可怕的是，如果这个学生将自己对这位教师的判断结果推而广之，那其他教师留给他的也极有可能是这种不可信、不可敬的印象，这无疑会影响这个学生对他人的态度和与人相处的方式。若一项评价不是发自评价人的内心，那么它就是无效的，因为教学不是一个简单的技巧，而是人与人之间真实且充满真情的交往。

5.“急”—— 态度过于武断

老师提问学生：“你有什么好办法，能让老师更了解你？”有个学生说：“我最喜欢老师来家访。”“对对对，我也想。”老师顺势延伸：“希望老师来家访的请举手。”所有学生都举手了，只有讲台旁边的一个男生没有举手。老师看到后可能觉得有点儿尴尬，有些难堪，当下就说：“你是不欢迎我去家访吗？”事后老师了解后才得知，原来该生一家刚从外地迁来，租住的房子又小又脏，男生不愿让老师来一是怕不方便，二是因为自己有几分自卑。

在课堂上，有些教师提问后急于给出评价。事实上，偶尔也会出现这样的情况：教师曲解了学生的意思，或者学生的回答是错误的，教师听后马上予以否定。这种武断的否定不仅会挫伤学生的学习积极性，也不利于营造畅所欲言的教学氛围。课堂上还会出现这样的情况：教师提出一个问题后，个别学生马上举手回答，并且回答得非常正确，教师也及时表扬了他们。但一大批学生也许还没有想好，因为有学生已把结果说了出来，这些学生的思路一下子就跟着跑了。这不仅使提问失去了思考的价值，还打击了这些学生回答问题的积极性。事实上，若教师不急于评价，大部分学生还是愿意说出自己的真实想法的，并且可能认为自己的想法是与众不同的。教师应耐心地等待。

6.“糊”—— 导向模棱两可

在一节以“诚信”为主题的课上，有这样一个片段 ——

师：同学们，你们中过奖吗？如果中过，你对这类活动有何看法？

生 1:“我没中过奖，因为没有奖的奖券多，有奖的奖券少。”

生 2:“应该是有奖的奖券多，没有奖的奖券少。”

生 3:“如果有奖的奖券多，没有奖的奖券少，发行奖券的人不是要亏本了？”

生 4:“若奖金少一点儿，中奖范围大一点儿，大部分人都能中奖，这样买的人就多了。”

生 5:“可以让有奖的奖券多一点儿，把一些假冒伪劣产品作为奖品，这样就肯定能赚钱。”

生 6:“有奖的奖券可以少一点儿，但打广告时要说人人有奖，这样也会有很多人来买。”

对此，教师的评价一概都是“很好，请坐”，然后直接喊下一个学生回答。

新课程改革要求教师关注学生的个性差异和学习需求，呵护他们的好奇心、求知欲，珍视他们独特的感受与体验。在这样的背景下，有些教师对学生一些有失偏颇的回答或是闪烁其词，或是置之不理，或是直接喊下一个学生回答，通过对后者的肯定来间接否定前者。这就导致课堂评价失去了本应有的科学态度和求真精神。案例中，第 5 个学生回答完问题后，教师可以反问学生："这种做法符合诚信经商的理念吗？如果你花钱买了奖券，中的奖品却是假冒伪劣产品，心里会怎么想？"这样才能及时找到学生认识上的误区，因势利导，使他们获得正确的价值导向。

二、课堂评价天平失衡背后的成因分析

1. 素养不够——"智"的缺失

课堂是师生交流与对话的平台，这就决定了课堂评价不是简单的是非判断，而是教师的教学理念、教学经验、教学机智等的综合体现。它是对教师知识内功、能力素养和创意灵性的全面考验。由于课堂进程具有不可预见性和偶然性，加上课堂评价要求教师在极短的时间内做完收集信息、给出判断、予以反馈三个工作，因此，课堂评价对教师的教育智慧提出了极大挑战。我们常看到下列课堂评价行为：一是对学生的回答不置可否，含糊其词，模棱两可，顾左右而言他；二是套用滥用几句老话，千篇一律，单调乏味；三是不分对象，不分情况，导向不明，或者只奖不惩，只褒不贬；四是一味重复学生的话，拖沓冗复，枯燥生涩，效率低下；五是按照自己的既定标准对学生进行评价，试图改变学生的思路，让其按自己的路子走……产生这些现象的深层原因是教师的素养不够。

2. 忽视人文 ——“情”的缺失

课堂上，高明的教师不仅仅是组织者，更是摇旗呐喊的鼓动者。学生能从教师充满情感的语言、丰富的表情和得体的体态语言中，充分领略课堂学习的乐趣，感受教师的澎湃激情和殷殷期望。但现实情况是，很多学生对教师的课堂评价存在不满，只有少部分学生表示认同，另有一部分学生表示“无所谓”。很多学生认为教师缺少人文关怀。确实，一些教师在做课堂评价时，常常忽视评价对象的想法，没有让评价对象充分表述和表现，于是师生在缺乏沟通的情况下形成了一种淡漠的评价氛围，从而让评价失去了本应有的情感传递功能。

3. 主观臆断 ——“真”的缺失

课堂评价的内容应该是真实的、有理有据的、具有思辨性的。教师对学生的课堂表现做出评价前，应有一个总体的了解，做到以事实服人；在发表自己的评价之后，要说出自己的理由，做到以理服人，这样才能做到客观公正。学生在课堂上的表现是多种多样的，他们有时会有不尽如人意的甚至是出格的表现，这就需要教师全面地了解，细致入微地分析，只有这样才能准确把握住是与非，正确区分动机与效果，偶然和一贯，避免武断。然而，有些教师在见到了什么、听到了什么之后，甚至是遇到捕风捉影的事，就会随口评判，不加分析，主观臆断，这就造成评价的失误、失度。这不仅会引起学生的反感，还会减损评价的客观性和严肃性。

4. 心浮气躁 ——“实”的缺失

这一点在公开课上表现得尤为明显。公开课似乎成了少数教师的 T

型台，他们为了能够尽显才能而使出浑身解数，尤其是对导语、点睛之语、结语的措辞，可谓精益求精。事实上，如果评价语言过于追求前卫，评价辞藻过于追求华丽，评价句式过于追求工整，反而会给人一种牵强附会之感，效果会适得其反。而且，教师这样做容易忽视学生内心的感受，颠倒课堂的主客关系，反而会拉大师生之间的距离。这是犯了买椟还珠的错误，是本末倒置。这种不立足常态、脱离实际、过度发挥的做法，必定会使课堂教学偏离既定的主旨。这是对课堂这种优质资源的抛荒行为。长此以往，很可能会助长华而不实的学风，后患无穷。

5. 片面理解——“全”的缺失

新课程改革是在传统基础上的守正创新，并不否定传统。可一些教师以为实施新课程改革就是要零起点，是全新的开始，需要摈弃传统。他们认为，凡是传统的就不是新理念，就不符合“新课改”的要求。例如，新课程改革强调对学生的评价要弱化量的评价，强化质的评价，于是就有教师只采用质的评价方式；新课程改革注重激励性评价，于是就有教师几乎不敢对学生说一个“不”字，一提到批评就讳莫如深，唯恐被扣上棒杀学生的帽子；还有的教师将赏识变成了不着边际的戴高帽及机械的“你真棒”。这些都说明部分教师其实只是了解了一些新课程改革的理论，但并未把理论之毛植入实践之皮。

6. 变相灌输——“导”的缺失

课堂上，学生的语言是鲜活的，既有智慧的火花，也有错误的泥沙。这就需要教师以学生的认知水平为起点，一环紧扣一环地引导学生向较高水平的思维层次递进。所以，有经验的教师懂得充分利用评价的导向功能，给学生搭脚手架，引导学生在层层深入的思维活动中加深对知识的理解，引导学生在层层推进的情感中与教材及教师产生共鸣，引导学生在学习探究的过程中获得成就感。然而，现实中许多教师为求高效，不惜利用评价时机，把结果直接暴露给学生，变相剥夺了学生的独立思考机会。这样的评价，体现的是学生肤浅表层的主体性，失却的是教师神圣的价值引导。

三、让课堂评价的天平保持平衡

课堂评价的核心意义在于通过“评”实现“导”。要实现这一点，教师必须注意拿捏尺度，把握分寸，掌握火候，不偏不倚，保持平衡。

1. 平衡好“展开评价”与“简单评价”的天平

一方面，课堂需要展开评价，教师评价时应变换句式、语气、语调、重音、节奏，化平淡为新奇，使学生耳目一新，思维处于活跃状态。另一方面，课堂也呼唤简单评价，简洁精练的语言往往可以起到一语中的的效果，让学生感到精神振奋。

为培养学生的创新能力，我设计了一道题：“塑料瓶有什么用？”学生讨论并汇报完毕后，我评价道：“好，你是用‘折’的方法，你是用‘算’的方法，你是用‘画’的方法。”“折”“算”“画”三个字既概括、肯定了学生的方法，又比较富有鼓动性。

有时甚至不需要用语言，教师对学生的一个微笑、一个眼神、一个高高竖起的大拇指等无声的鼓励和赞许，都可以是有效的评价。这种评价方式简便、直接、易操作，同样可以对学生起到良好的激励作用。它不仅仅传达了一份关爱，还表达了一种尊重、信任和激励。它像一丝花香、一股清泉沁人心脾，这种润物细无声的评价方式其实更具亲和力，更能产生心与心的互动，可谓“此时无声胜有声”。

2. 平衡好“肯定评价”与“否定评价”的天平

实施新课程改革后，原本吝啬赞扬的教师们变得特别大方，课堂上的赞扬之声不绝于耳。能积极地进行角色转变，改变态度，这不能不说是一种进步，然而一味地称赞，把学生捧得看不清前进的方向，这又不能不说是一种悲哀。其实，肯定评价不是对学生一味地表扬或藏拙。课堂评价固然需要维护学生的自尊，但这并不意味着对学生无原则地迁就。一般来说，学生犯错误的时候，恰恰是教育的良机，因为此时他内心是渴望得到帮助的。而教师此时若能给他指明方向，这次经历会让他刻骨铭心。

> 我请学生预习教材时，发现一个男生正在认真地做作业。于是，我故意请这个男生回答问题，效果可想而知，男生支支吾吾答不上来。我又让男生看作业本的最后一题，男生惊讶地发现，最后一题就是刚刚我问的问题。于是，我说了这样一段话：“我发现你在专心致志地做作业，这也是一种学习，但你要计算一下总成本。如果你按自己的节奏来，看起来起步比别人快，但半路上可能被难题拦住，反而更耗时了，是不是？”学生不停点头，表示认同。

案例中，我希望通过委婉的语言，恰当地表达自己对学生的要求、期望，当然还有批评，我希望做到表扬与敦促并行，寓贬于褒。这种“表扬中有期待，期待中有鞭策”的话语，可能会长久地铭刻在学生的心里。

事实上，只要教师与学生形成坦诚、相互尊重的关系，同时教师用发展的和全面的眼光看待学生，这样即使教师指出学生的不足甚至是批评学生，学生感受到的仍是教师对自己的关注和期望，并由此不断产生进步的动力。

3. 平衡好“外部奖励”与“内在评价”的天平

心理学研究发现，恰当的外部奖励可以激发学生内在的学习兴趣和动机，这正是教师们采用奖励的依据。所以，课堂上教师进行评价时，外部奖励和内在评价不可偏废，二者共同促进学生精神世界的健康成长。

> 我这样奖励在课堂上有优异表现的学生——精心挑选一本与课堂内容相关的书送给他。我认为，把书作为奖品奖励给学生是对学生最好的激励。在这里，书既是奖品，又因与课堂教学的内容相关联，而成为学生学习的触发器。学生也因为书是奖品而对其十分珍惜。可以想见，学生可能会如同汽车加了油、时钟上了发条一样，动力十足地学习。于是，学习成了一种自发行为。

案例中我之所以采用这样的课堂评价方式，是因为我注重精神上的熏陶，注重长远的学习实效。当然，我们也要避免一个倾向，那就是过于迷信物质刺激，无意中丢掉了可贵的精神阵地，忽略了教学中简单的快乐。心理学相关研究表明，学生对学习本身的兴趣是最佳的学习动机。美国心理学家爱德华·德西（Edward Deci）曾做过一个实验：一个人对活动充满兴趣时，若给他提供外部的物质奖励，反而会减少活动本身对他的吸引力，这就是著名的“德西效应”。实际上，比起各种各样的奖励手段，学生更在乎的是教师的信任和关爱。积极的学习动机和态度，不只是来自外部，更主要的是来自内部——学习的成就感。如果教师滥用外部奖励，不仅不能促进学生学习，还会削弱内在动机的作用。只有内外互补，表里兼顾，才能使评价学生的结果更加科学。

4. 平衡好“评价技巧”与“评价情感”的天平

毋庸置疑，评价需要技巧。但如果在注重评价技巧的同时，教师与学生真诚平等地交流，教师在交流中注入更多真情实感，评价的附加值就会大大提升，评价的身价和实效就会随之成倍翻升。

面对学生不太正确的理解，我常常采用类似这样的说法：“我佩服你！你有主见、有思想、有个性！我虽不同意你的观点，但我欣赏你拥有自己独立的思想。”

如果我们评价时太过注重技巧，而忽视师生间真实的交往，忽视真实的课堂生活，课堂效果往往并不理想。为此，我们呼唤真诚的课堂教学评价，让教师的评价语言穿上真情的外衣，染上真情的色彩。

评价的前提应是“真心”。教师应以真心对待学生、评价学生，这样的评价才会真正感动学生。缺乏真心实意的表扬只会让双方觉得尴尬，甚至会对学生的内心造成看不见的伤害。

评价的结果应是“真给”。教师应言行一致，不让学生产生一种被欺骗的感觉，不让学生对教师产生怀疑。例如，许诺奖给学生的物品，就要真奖给学生；鼓励学生多发言、多提问，就应真正给学生发言提问的权利和自由，而不是有倾向性地挑选。也就是说，教师不应把上课当成虚假的演戏，而应把上课看成真实的生活。

5. 平衡好“及时评价”与“延迟评价”的天平

心理学相关研究表明，学生做出某种良好的行为后，如能及时得到认可，就会产生某种心理满足，产生愉悦的心情，并努力做出更多积极的行为，故课堂呼唤对学生的及时评价。这种起点低、目标小、反馈快的评价方式，学生很感兴趣，也很乐意接受。

当然，课堂呼唤及时评价并不等于教师在所有情况下都要马上评价，相反，有时教师需要耐心等待，给出延迟评价：学生的课堂练习暂时不符合要求时，教师应尊重差异，多给学生一点儿时间；学生争论时，教师不必过早地表明自己的观点；教师提出一些开放性问题后，即使有学生说出了较理想的答案，教师也可采取延迟评价，这样可以促使更多的学生发表见解，让学生在不知道正确结论之前，进一步发挥想象力，得到更多的不同答案，从而进一步培养思考能力；面对错误答案时，教师不必忙着否定，但也不能做旁观者，或是毫无价值趋向的中立者，或是不分青红皂白将学生一棒子打杀的仲裁者。教师应肯定学生思维过程中有价值的因素，并寓引导点拨于评价之中，给学生以智慧的启迪。

延迟评价是为了让学生在现有基础上谋求实实在在的发展。它可以帮助学生学会更多的学习策略，在注重结果评价的同时更注重过程的评价。这样，每一次评价都显得很丰满，都有一定的意义和分量。

6. 平衡好“差异评价”与“统一评价”的天平

课堂评价应具有独特性，评价语言必须符合学生的个性特征，做到有的放矢：对基础薄弱的学生，评价应重在鼓励；对性格冲动的学生，评价应重在帮助其养成做事前深思熟虑的习惯；对基础好的学生，评价应重在鼓励其创新。对课堂上不同表现的学生，教师也要运用不同的评价方式：学生能正确或基本正确回答问题时，教师既可采用积极肯定的评价语言，也可以用追问的方式指导学生继续思考；学生有创新想法时，教师除了给予肯定外，还要对其勇于思考、探索的学习精神加以褒奖；学生不能回答或回答有缺憾时，教师可采用启发式的评价语言予以指导；学生因一时紧张而语塞或因一时兴奋而表达不连贯时，教师则应采用积极的鼓励性语言架一座桥……这样，课堂评价就成了激励学生发展的泵。

然而，任何一个国家、任何一个社会对其公民都有着最基本的统一要求，任何一种教育都存在着最基本的评价标准。我们在强调尊重学生个性差异的同时，不可以忘记基础教育求真、向善、臻美的本质要求，扬长的同时也要适当地补短，不可一味扬长避短，否则就会使学生忘掉作为一个公民应遵守的社会规范和应承担的社会责任。我们既要改变用高度统一的评价标准来评价千差万别的学生的方式，又要正视学生在发展中的差异性，用统一与差异相结合的评价标准去评价发展中的学生。这样才能促进学生既符合社会要求，又张扬独特个性，实现和谐发展。

马卡连柯曾说过，教育学是最辩证、最灵活的一门科学，也是最复杂、最多样化的一种艺术。相信在走过一些弯路之后，许多教师会在理念和实践中有一个升华——从传统的评价方式中找到创新的切入点，找准继承传统教学方式与实施新课程改革的最佳结合点，使课堂评价的结果与预期目标一致。让我们在课堂教学中掌握好评价的火候，平衡好评价的天平，实施有效的课堂评价，从而有效促进学生的主动发展、逐步发展、个性发展、全面发展和可持续发展。

第二辑 ｜ 教师，才是课堂的起点

教师自身就是课程，就是教材，就是课堂的起点。教师的精神高度决定了课堂的高度。

你的课堂“简约”吗

新课程改革中的诸多理念，如尊重差异、关注体验、评价多元化等得到了教师们的积极响应，也给课堂带来了勃勃生机。许多教师大胆创新、张扬个性、追求独特的教学风格，但同时，也有为数不少的课堂存在因过度饱和造成的“冗繁”现象。大道至简，课堂也呼唤“简约”。

一、“简约”课堂的本真内涵

1.“简约”课堂是一种大气

“简约”课堂既是一种纯粹，也是一种韵味，就像国画中的水墨写意，看似简单的寥寥数笔，却层次丰富、韵味无穷。“简约”课堂不是平淡如水，味同嚼蜡，而是要灵气勃发、灵光闪现，或在教学设计上别出心裁，或在课堂操作上另辟蹊径。在这样的课堂上，教师往往会表现出一种充满自信、不急不躁的气度，一种取舍有道、张弛有度的教学风格，一种运筹帷幄之中、决胜于千里之外的教学智慧。“大道至简，真水无香”，这是一种更高层次的境界，这样的课堂才尽显大气。

2.“简约”课堂是一种深度

“简约”不是简单的压缩和简化，那种目标设置肤浅、课堂容量小、设置的问题人人都会答的没有思维障碍的课堂，不是真的“简约”。相反，“简约”课堂追求的是简约之上的丰富，它既不是教学环节的减少，也不是训练强度的削弱，而是在删繁就简的同时，固守课堂教学的根本，保留课堂中最经典的部分——学生的知识增长、情感发展、智慧碰撞、人格砥砺。可见，它是寓丰富于简单之中，是一种更深广的丰富。这样的课堂充满张力——思维的张力、情感的张力、文化的张力，乃至智慧的张力。

3.“简约”课堂是一种积淀

“简约”并不是教师可以浅尝辄止的托词，相反，它要求教师匠心独运，“为有好设计，捻断数茎须”，使课堂呈现“柳暗花明又一村”的畅达和惊喜。这就要求教师先把自己武装得不简单，胸藏千秋，腹有底蕴。教师有了底气，才能谙其门道，扼其要领，切中肯綮，如庖丁解牛，游刃有余。可见，课堂显性的简约在很大程度上要依靠教师隐性的丰富来支撑。

4.“简约”课堂是一种自然

老子说：“人法地，地法天，天法道，道法自然。”他把自然奉为最高追求。唐朝诗人李白有名句“清水出芙蓉，天然去雕饰”，他把师法自然、不求刻意雕琢视为佳境。著名学者季羡林先生，曾称颂他所挚爱的艺术风格是“淳朴恬淡，本色天然，外表平易，秀色内涵”。看来，崇尚自然，呵护本色，是大家们共同的艺术品位。课堂教学与此类似，“简约”课堂的要义也是自然。自然是真实的、本质的、朴实的、有生命力的。教师若本于自然，不急不躁，娓娓道来，更容易打造出“简约”课堂。

5.“简约”课堂是一种经济

陶行知曾说过，凡做一事，要用最简单、最省力、最省钱、最省时的法子，去收最大的效果。课堂时间有限，因此可留可不留的尽量不留，可用可不用的尽量不用，可做可不做的尽量不做，这样，成本就小多了，也就是经济。此处说的经济不是经济学领域的概念，而是指成本低。例如，教师可把身边常见的物品做成学具，让其变身为教学资源，这便是一种经济。

6.“简约”课堂是一种艺术

“冗繁削尽留清瘦”，“简约”课堂呼唤富有美感的清瘦：赤橙青蓝，浓淡相宜，一样也多不得；加减乘除，能简不繁，一样也少不了。在这样的课堂上，教学设计趣味盎然，但绝不是娱乐搞笑；教学过程曲径通幽，但绝不是拐弯抹角；教学语言生动幽默，但绝不是哗众取宠；教学语言深情动人，但绝不是矫揉造作。这一切，无不需要教师精湛的技术及教学智慧。

二、当前课堂中存在的“冗繁”现象

庄子曰：“文灭质，博溺心。”意思为若花样名堂过多，反而会掩盖事物的本质，事物过于驳杂就会让人糊里糊涂。庄子是针对文章创作说这番话的，但我们目前的教学何尝不是如此？时下有不少课堂存在剑走偏锋的现象。

1.“虚”—— 目标虚设，貌似多维

一位教师执教思想品德九年级《实施可持续发展战略》一课时，确定了如下“三维”目标：

①知识和能力：通过对相关图表、数据等资料的学习，树立科学发展观。

②过程和方法：通过小组交流与合作，培养思辨能力、实践能力、交流技能及合作意识。

③情感、态度和价值观：能够从人口、资源、环境三者协调发展的角度思考和分析问题，树立可持续发展的观念。

乍一看，这些目标很好地体现了新课程改革的要求，但是若深究下去，我们会发现这些缥缈、贴标签式的目标，就是用一年、两年甚至更长的时间也未必能够达成，何况是在短短的40分钟里。现实中，我们经常能遇到这种假、大、空的目标：目标高而多，面面俱到，林林总总，在课堂上却得不到落实；目标随意，把追求生成性目标作为挡箭牌；生硬地把“三维”目标强加于“双基”（基础知识和基础技能）目标之上。最终“三维”成为简单的拼凑，致使“三维”目标割裂，“双基”目标弱化，教学活动失去了真正的指引。

2.“满”—— 面面俱到，过度饱和

执教思想品德八年级上册《享受健康的网络交往》一课时，教师设计了如下八个环节：

①猜谜语：组织学生猜网络用语，导入新课。

②辩论赛：网络利弊谈。

③做分析：对一些人上网买东西被骗的案例进行分析。

④谈经历：你被“网”住了吗？

⑤猜结果：猜测陌生网友第一次见面的结果，得出网络具有一定虚拟性的结论。

⑥看链接：分析17岁少年炮制“绝情炸弹”击中10万台电脑的案例，得出网络交往要守法的结论。

⑦编秘籍：编写网络交往的秘籍。

⑧做设计：组织网络宣传设计大赛，形式有改编歌词、设计宣传画、编写宣传语等。

案例中的教师貌似给学生输入了一大堆信息，但学生的头脑里最后也许只剩一堆乱码。许多教师怕别人说自己的课堂寒酸、不出彩，于是想方设法烹制满汉全席，课堂成了包罗万象的大杂烩，更像打翻了的五味瓶，枝繁叶茂却见不到树干。于是，我们常常看到这样的现象：由于时间紧张，教师上课就像赶场子；由于环节繁多，教师只能点到为止，导致重点不突出，目标不明确；由于课堂结构臃肿，过程畸变，导致教师辛苦，学生疲惫……

3.“绚”——课件绚丽，喧宾夺主

执教思想品德九年级《统一的多民族国家》一课时，教师播放歌曲《爱我中华》创设教学情境。由于歌曲美妙动听，且与课题内容相吻合，学生兴趣盎然，学习热情被极大地调动起来。然而，教师接下来又大量呈现了表现各民族风土人情的图片，之后又连续播放了香港和澳门回归的视频，还将余光中的诗歌《乡

愁》制成动画。教师不停地点击鼠标，各种画面在学生面前闪现。学生眼花缭乱，目不暇接。

时下有一些教师将课件当成表演的工具、炫技的载体。在一些课堂上，视频代替了教材，投影代替了板书，朗诵必有音乐伴奏。课件成了课堂的主角，学生沦为了观众，教师成了课件的点击者。学生对这些课件景点确实饱览无余，但这种走马观花式的学习只是视觉和听觉上的刺激，很难在脑海里留下深刻的印记。可以说，这已经颠倒了教与学的关系，是舍本逐末的。

4.“腻”—— 语言甜腻，辞藻华丽

课上，一个女生发言后，教师马上点评道:“你的发言富有个性，清澈如水。”一个学生答题没有说到要点，教师鼓励道:“远近高低各不同，你的答案也很有价值。”一个学生回答得不错，教师夸奖道:“真是领新标异二月花。”……

乍一看，这些评语非常富有诗意，但学生听到这样的评价，却可能弄不明白自己的答案是对还是错，评价沦为一种美丽的摆设。语言既是教师形象的外衣，又是教学素养的体现，应生动而不庸俗、幽默而不油滑、清晰而不板滞。目前，一些教师的评价语言变甜了，甚至甜得有些发腻，连中肯的批评也从课堂上渐渐淡出。这种看似唯美的点评到底有多大价值呢?

5.“绕”—— 关卡太多，徒增弯路

在一节课的引入环节中，教师先播放了一段北京奥运会开幕

式的录像，然后提问："你从刚才的录像中看到了什么？"学生个个兴趣盎然，纷纷回答："我看到了奥运五环旗。""我看到不同字体的'和'。""我看到奥运会火炬。"……几分钟过去了，学生仍在列举自己看到的东西。教师只好继续引导："你们还看到了谁？"学生马上明白过来，有的答姚明，有的答刘翔。"你们喜欢姚明吗？"学生立即回答："喜欢。"教师马上问："为什么？""他打篮球打得很棒。""他很自信。""有时球队没打好，他会认为是自己的过错。"……学生踊跃回答。到这儿，听课教师才明白，授课教师原来是要让学生从录像中找到姚明这个大众偶像，进而引出追星现象。

在教学中，我们偶尔会看到教师设计很多关卡让学生去闯，设置很多学习陷阱让学生去钻，用相当长的时间创设与学习内容无关或关系不大的教学情境，把简单的问题搞得复杂、高深。这是前卫还是走偏了方向？事实上，此种"形聚而神散"的教学行为，只能造成教学环节的拖沓。一节课只有几十分钟，开始上课后，五六分钟过去了，主题才"千呼万唤始出来"，这不仅占用了宝贵的课堂时间，还割裂了知识之间的内在联系。

6."闹"——形式花哨，杂乱无章

少数教师对钻研教材越来越没兴趣，却热衷于教学手段及教学形式的花样翻新，恨不得在一堂课上，天南海北、天文地理、古今中外、吹拉弹唱、琴棋书画尽皆涉及，电脑、投影、电视、录音全都用上。

为了上好公开课，有一些教师殚精竭虑地策划，师生共同排练。难

怪“演出”结束后有教师笑言：“现在的公开课真是花样齐全，‘海、陆、空’齐上阵，而我们也三生有幸，当了一回三军总司令。”为热闹而活动，甚至为表演而活动，使教学患上多动症，是一种舍本逐末的做法。在这浮华的背后，究竟有多少作秀的成分？确立的教学目标又有多少没有达成？我们必须认真审视我们的课堂，不能因过于追求浮华而迷失了方向！

7.“偏”——脱离教材，过度拓荒

在一节公开课上，教师没安排学生阅读过一次教材，没用过教材中的一个例子，列举的“一碗馄饨的故事”“彼得的账单”“关于成长的谈判”等素材全部来自课外。

教师对教材适当剪裁、取舍，很多时候确实能够起到锦上添花的作用。但随着“新课改”的实施，许多教师为了展示学生的创新思维，体现教学的开放性，不惜抛开教材。特别是在公开课上，不少教师到处找例子，很少再用课本上的例子。事实上，一线教师哪有那么多时间和精力天天找例子、换例子？再说，换的例子不见得就比教材上的例子更有说服力。也许，我们可以从另一个角度来理解“教材无非是个例子”这句话——我们教例子是为了使学生借助例子彻底理解知识。所以，对教师来说，换例子不重要，重要的是探寻例子背后的深层内涵。

8.“假”——虚假作秀，毫无实效

课上，教师设置了即兴辩论环节。只见双方唇枪舌剑，逻辑严密，观点鲜明，水准很高。然而，课后我们才得知，学生课前经过了无数次的精心排练，熟记发言稿，甚至对发言的顺序都进

行了一遍遍排练。

案例中，课堂上呈现的内容看上去精彩纷呈，然而，我们若稍加品味便会发现，这不过是人为上了彩，涂了色。我们不禁会问：这样的授课有意义吗？教师导演、学生配合，这岂不成了一堂表演课？教案岂不成了表演的剧本？这种虚假的美丽，违背了学习的规律，束缚了师生的手脚，掩盖了教学的不足，远离了教学的目标，华而不实。课堂应该拒绝虚假，拒绝作秀。我们应该期待遗憾，期待真实，没有遗憾和真实，哪来的提升、进步和深化？

三、“冗繁”课堂的成因分析

1. 审美偏差，推波助澜

在一线教师眼里，教研人员及专家给出的评价是权威的。但一些被奉为“定音之锤”的专家，自身的专业素养不够，缺乏高屋见瓴的指引能力，缺乏入木三分、一针见血的胆略和锐气，谈优点浓墨重彩，说缺点轻描淡写，甚至一味迎合，刻意粉饰，明明是缺点还向优点靠。于是，别扭做作的表演可以被誉为“活跃气氛”，烦琐凌乱的问答可以被视为“师生互动”，走过场的讨论可以被称为“以学生为主体”，随意调侃的教学语言可以被夸为“情感丰富”，滥用的多媒体可以被认为“教学手段先进”，等等。评价引领潮流，审美驱动行为，诸多公开课演化为作秀课，盛宴之后学生落得个消化不良，其背后，教学的审美偏差起到了推波助澜的作用。

2. 包罗万象，不堪重负

有一些教师为追求教学流程的完美无瑕，片面地堆砌教学“艺术”，在课堂教学中添加过多佐料：教师津津乐道于教学形式的“多样”、教学内容的“精致”、教学效果的“严谨”，课堂教学被分割成若干个精细的环节，连每句话、每个词、每个动作都被精确设定。这样“完美”的课堂，还往往被赋予了诸多使命：发展思维、提高思辨能力、丰富精神世界、培养健全人格……课堂虽看上去包罗万象，但实际上却是千头万绪，不堪重负，流于形式。

3. 心浮气躁，刻意求新

目前，在功利心理的驱使下，“理念先行，形式至上”的思路大行其道。表现为：其一，一些教师缺乏深厚的学术素养，也没有找到学理依据，便急于喊出口号，提出诸如“多少段多少环”“几步几级式”“某某教学法”等时髦说法，追求轰动效应。其二，在少数教师看来，课堂越花哨就越能体现创新思想，越奇特就越能博得听课者的喝彩，于是为了增加课堂上的看点，一味求新求奇，结果往往是“教师出风头，学生吃苦头”。其三，在设计教学过程时，考虑教学内容少了，追求教学形式多了；不是从教学内容本身出发量身定制，而是从教学形式出发削足适履，让教学内容去迎合学习方式，片面追求教学方式的创新。如此颠倒内容与形式的关系，知识味、学科味的缺失便成为必然。

4. 矫枉过正，过犹不及

少数教师“为显理念强架梯”，未经过深入研究便盲目模仿，结果只能是邯郸学步。新课程改革提倡“感悟、体验”，于是一些教师变以往的重“训练”弃“感悟”为如今的重“感悟”而忘“训练”；新课程改革提倡“以学生为主体”，有一些教师便认为应减少自己在教学进程中的出镜率；新课程改革强调情境教学，于是一些教师便不管什么课型、什么内容，一概以情境导入；新课程改革注重“学科的综合性”，于是一些教师致力于打破学科界限，卖力地引进其他学科的资源，让这些资源主宰课堂；新课程改革提倡“先进的教学手段”，于是一些教师在精心包装的基础上表演其“娴熟”的教学技能，学生在反复操练的前提下表现其“过人”的发展水平。

5. 功力不够，底蕴缺失

目前，教师普遍存在着功力不够、底蕴缺失的现象。表现之一：在教材的解读上，或浅 —— 浅尝辄止；或搬 —— 照搬他人教案；或偏 —— 理解有误。表现之二：教师设置的问题，要么直指教材，学生看了教材就能找出答案；要么貌似开放，实际带有很多束缚或诸多暗示，教师已给学生搭好了台阶，学生顺着台阶一步一步地走，便可降低出错的风险。表现之三：教师在课堂上对学生的评价一概是“好好好”“是是是”，借以掩盖自己知识的匮乏和判断力的缺失。表现之四：教学语言不够简练，原本一两句话就能说明白却用了五分钟还表达不清楚。如此种种，不一而足。

四、让课堂回归“简约”

“披尽泥沙始见金”，“简约”课堂提炼的是质 —— 课的含金量，过滤的是量 —— 课的掺水量。如何让课堂回归“简约”，从冗繁走向凝练，从紧张走向舒缓，从杂乱走向清晰，从狭隘走向广阔，从肤浅走向深邃？

笔者认为，教师需要把握以下原则。

1. 进退有度，无为而治

要真正实现学生的主体地位，教师“退”是一个必然趋势，甚至可以说，只有教师“退”了，才能有学生“进”的空间。在课堂上，教师为学生“退”出空间后，冲锋陷阵的是学生，摇旗呐喊的是教师，最后出彩的是学生，教师也成就了自己。课堂教学是“进”和“退”的互搏，我们只有正视“退”的必要性，才能珍视“进”的价值，最终从根本上走出冗繁的泥沼。

教师从课堂教学中“退”出来，并不意味着教师要表现得无能，相反，教师应表现出一种具有教育智慧的无为。这意味着教师在适当的时候撤出来，但当课堂出现问题的时候又随时在场。从这个意义上讲，教师在课堂上应“有所为，有所不为”，“有所为”的地方就是自己应该“进”的地方，“有所不为”的地方就是自己应该“退”的地方。在“有所为”的地方“退”了叫“缺位”，在“有所不为”的地方“进”了叫“越位”。教师的缺位与越位都是一种错位，不但会影响课堂教学的实效，还会影响教师对学生的引导。课堂上，教师做该做的事情，并想尽一切办法去把它做好，进退有度，适时到位，课堂教学才会清晰、流畅。

2. 主线简明，细节饱满

“简约”的课堂教学流程犹如画“圆”：首先是聚“点”，找准牵一发而动全身的节“点”，从整体着眼，顺藤摸瓜，梳理头绪，集中火力，其余内容则可一带而过。这样才能引导学生把那些值得学的精华细细品味、吸收，“提领而顿，百毛皆顺”。其次是拎线，把“点”拉成一条不蔓不枝的“线”，“线”明晰了，课堂教学的结构和层次就清晰了；“线”扣紧了，起承转合、轻重缓急就能落在实处，课堂教学的动感和韵律也就显现出来了。最后是联“圆”，教师应使课堂结构相互融通、首尾呼应，形成一个开放的圆，营造出曲径通幽、别有洞天的意境。

这个“圆”是“简于形”而“精于神”，也就是说，主干脉络清晰之后，我们还需要补充许多血肉，使之更加饱满。“文似看山不喜平”，课堂教学何尝不是如此！一节课如果四十分钟走的都是直线，学生当然会感到枯燥、乏味。教师既要避免把课“上胖”，追求主线简明；又不能把课“上瘦”，应力求细节饱满。“简约”就是简单而有品位，这体现在对细节设计的把握上，它看似平常，却蕴涵智慧；它看似简单，却深刻隽永。有了灵动的细节，课堂教学才会充实饱满、激情跌宕、隽永俊秀。

3. 深度留白，适度补白

留白是中国艺术作品创作中一种常用的手法，吟诗作文也有悬念一说，意思是作者只言七分，其余三分由读者自己去想象，目的是给观众和读者留点儿遐想和创造的空间，从而分享遐想之快乐，品尝创作之真味。教学也是如此，教师可抓住一角，让学生寻找、想象冰山下的部分。因此，课堂教学也要讲究留白。有时候，教师故意留下空白之点和顿歇之处，让学生根据自己的体验加以填充，可以给他们带来无穷的回味。

“简约”课堂并不排斥教材以外的东西，有时候，我们也需要填补课文的空白，让课堂更加充实，让教材的意蕴得以最大程度的提升，从而让课堂更具张力。需要注意的是，拓展要基于学情，不能本末倒置。引进的课堂学习资源应为知识和技能的学习提供脚手架，为学生思维的发展提供爬坡台，为学生人生观、世界观和价值观的形成构筑防护栏。归根到底，我们要以教材为圆心，向外进行学习辐射。恰当地留白和补白，可以让课堂更具节奏之美、张弛之美。

4. 学会舍弃，经济用材

目前，一些课“瘦”不下来，往往是因为教师准备得太充足，预设得太完美，又不愿忍痛割爱，结果不但消耗了大量资源，还侵占了学生自主学习的时间和空间。教师只有抓住课堂的认知冲突主线：学什么 —— 怎么学 —— 有何用，学会做减法，学会取舍，才能让课“瘦”下来。

要让课“瘦”下来，教师还要学会经济用材。首先，选材要“少而精”。“少”不是单纯地减少教学的知识容量，而是选择核心内容进行科学合理的精简浓缩。当然，所选题材要有典型性和扩张力，能以一当十，对题材的包装也要适可而止，切不可喧宾夺主。其次，用材要“单而丰”。我们应努力做到一材多用、一材多变、一材多效，以此引导学生体会素材间的内在联系，从多个角度分析问题，培养思辨能力，使所选材料都能发挥出最大的效益。最后，组材要“整而优”。我们应力求将材料组合成一个有机整体，使教学简捷明快、整体感强，切忌随意组拼、杂乱无序。经济用材，不仅可以去除臃肿和烦琐，走向凝练和精干，还可以给师生对话和动态生成留出更充分的时间。

5. 适当静默，胜似有声

其一，我们的感觉有时是只可意会而不可言传的，此所谓“妙不可言”。课堂上，学生刚浏览了一段材料，教师不必迫不及待地追问学生“说说你的体会”“谈谈你的感受”，因为此时学生的体会可能还是苍白的，感受可能还是无力的。此时，教师不妨选择让“一切尽在不言中”。

其二，课堂上，教师口若悬河，滔滔不绝，效果未必好。我们的教育对象是一群正快速成长的学生，他们最讨厌唠叨。如果教师在旁边喋喋不休，他们不仅不能接受，还会产生厌烦甚至抵触的情绪。学生只有静下心来，才能认真思考、潜心倾听。从这个角度来讲，静是课堂洗尽铅华、回归本真的前提条件。

其三，学生难免会出错，面对学生的错误，教师该出手时就要出手，但不该出手时千万别急着给出自己的判断。很多时候，当场解决是治标不治本的快速疗法，此时，适当静默反而更加有效。比如，教师在课堂上往往会遇到这样的情况：一个学生正在课堂上讲闲话或做与课堂无关的事情。这时，如果教师突然停下来，让全班同学保持沉默，那么，这个学生立即会有异样的感觉，停止说话或做小动作。适当静默，可以引起学生的自我反思，让学生在心理上产生强烈的震动，从而达到教育的目的。

6. 开放有序，创新有度

这里的“开放”，不是指漫无目的、天马行空，而是指围绕一个目标，深度挖掘探究，并进行拓展延伸。开放是有限度的，那种放任自流、恣意放纵的课堂，教学秩序必然是混乱的，教学效果必定不理想，甚至完成不了教学任务，也就谈不上“简约”。教师当下要做的既不是移植观念，也不是作壁上观，任由学生的思维毫无目的地漫游，更不是以表面上的热闹来掩饰思维的贫乏与苍白，而是要为学生创设一定的情境，使学生产生思想的火花，自由地表达自己的想法。

这里的“创新”，不是指漫无边际地异想天开，而是指鼓励学生敢于质疑，敢于标新立异，从而培养独立意识和思辨能力。创新是有评判标准的，如果学生创新仅仅是为了表示自己与众不同、标新立异甚至哗众取宠的话，这样的创新是毫无益处的。教师应致力于营造一个自由而宽松的环境，使师生放开手脚，尽情创造和发挥，进而打造出简单中蕴涵智慧、朴实中富含新意的尽显大气的简约课堂。

“简约”的课堂是质与美的和谐统一：“减”出空间，把主体地位还给学生，变容量为质量，让学习更主动、自由；“约”出智慧，把挑战还给教师，变授受为对话，让教学更具个性和风格！

给分数一个表现的机会

曾有同行问我:“教学创新离我们有多远?”我认为，答案是两个字——很近。新课程改革的实施，为教师在教学各个领域和环节的创新提供了土壤和空间。以考试评价为例，我们在教学中最常用的评价方法是给学生的学业成绩打分。如果我们能创造性地利用分数，给它一个表现的机会，就能在平淡之中见精彩，让其闪现出不一样的光辉和人性的魅力，成为激励学生发展之泵。

一、创造性地使用分数

1. 减分

作文题目要求写300字以上的时事小论文，一个学生只写了150多个字，而且字迹潦草，错别字较多，但内容还算新颖。按惯例，这样的小论文最多打60分。可学生是初次写作，这样的分数会打击学生的积极性，而且会埋没他新颖的题材。于是，我给他打了这样一个分数:“90−20−10”，并就每个分值做了解释:“90分——由于题材新颖，角度新奇；减20分——由于内容过于单薄；减10分——由于字迹太潦草，还有错别字。”

同样是 60 分，“90−20−10”比单一的 60 分更具有针对性、指向性，对学生的激励作用也更大。它不但极大地肯定了学生的创新精神，还较为具体地指出了其存在的问题。学生从这个分数中，不仅能看到教师对他的信任，了解自己对所学知识的掌握程度，知道好在何方，差在何处，而且找到了今后努力的方向和前进的动力，从而树立学习的信心。我试图从关注学生的过去和现在，转向关注学生的将来，通过这种方式，更好地鼓舞学生。

2. 借分

一个学生考试只考了 59 分，于是他来找我：“能不能给我加 1 分，就 1 分，求您了。”如果给他加分，那是一种施舍，可能会让他产生投机和依赖心理；如果不给他加分，会给他造成一定的打击，怎么办？我说：“加分不行，不过可以先借给你 1 分，期末时要还，连本带利借 1 分还 5 分，而且下次考 70 分以上才有资格还。你愿意吗？”“行，行。”学生急不可耐。在期末考试中，学生考了 76 分，扣掉 5 分，还有 71 分。我为什么要求学生下次考 70 分以上才有资格还？如果不这样约定，学生还掉 5 分后，剩下的分数就不多了。而我之所以将目标定在还 5 分，是因为这是一个学生跳一跳就能摘到的“果子”。

案例中，我之所以答应学生的请求，是因为我要履行为人师者的职责 —— 既让考试成绩真实地反映学生的学习情况，又不打击学生的积极性。我希望自己的做法在兼顾分数的真实性的同时，照顾到学生的心理感受。在这里，借分是一种理解，我借给学生的是一种信心、一种鼓励；借分是一种期待，我让学生借分，其实就是想播下期待的种子。学生想加分，说明他有上进心，当我违规满足了他的要求时，他能不感动且加倍努力吗？

3. 空缺分

在一次考试中，有一个男生意外地只考了 57 分，于是，我在成绩栏中打了个问号，并让学生自己统计分数，写出反思。这个学生在计算总分时越算越心疼，他在反思中写道："都是不严谨的学习态度害了我！平常我总是心不在焉，今天才知道，要是更严谨一些，我应该得 82 分而不是 57 分，真后悔！下次我一定要更加认真。"

计算学生的卷面成绩，一般都是教师的事。案例中，我让学生自己统计，这并非偷懒，而是煞费苦心。学生自己统计分数，不仅可以知道最后的总分，还可以分析丢分的原因，在内心深处引起震撼。这样一来，学生可以更好地明白丢分的原因，明确今后努力的方向。

4. 区间式打分

一个学生考试得了 63 分，我却在考卷上批了"63 ~ 93"。我把这个学生找来，说："你看，你这道题做错了，主要是因为你上课时没有认真听，把概念搞错了。如果你上课时能专心听讲，完全可以得 73 分，是吗？"学生信服地点点头。"再看这道题，我记得同样类型的题，你在作业中也错过，后来改对了。这次考试怎么又错了呢？这说明你平时订正作业不认真。如果你上次犯错时能认真订正，这道题你完全可以做对，你就可以得 83 分，是吗？"学生再次信服地点了点头，说："我上次改作业是拿别人的作业本抄了一遍。""再看这道题，你把题目要求审错了，如果细心一点儿，你就可以得93分，是吗？”学生摸了摸头，说：“看来，上课真要认真听，作业也要认真改。若再改掉做事毛躁的习惯，我就能考93分，不，是100分。”

案例中，63分属于过去，属于历史；重要的是93分，93分是明天的目标。更重要的是，学生明白了实现目标的三个要素：上课认真听、作业认真改和仔细审题。我之所以采用这种区间式的打分方式，是想将定量判断与定性分析结合起来，以体现新课程改革大力提倡的发展性评价的理念：对学生学习的评价，既要关注学生的学习结果，还要关注他们的学习过程；既要关注学生的学习水平，还要关注他们在学习过程中所表现出来的情感与态度，从而帮助学生认识自我，建立自信。

5. 分数券

我根据课堂教学的内容和学习目标，分别设置了一些分数券：回答问题按照能说明、答案正确、答案有创意分别设置了10分、20分、30分的分数券；听课笔记按照记全、清楚、有条理分别设置了10分、20分、30分的分数券；课堂练习按照及时、正确、订正分别设置了20分、30分、40分的分数券。这样，学生为了能得到更多的分数券，参与学习的积极性就大大提高了。我一周统计一次分数券，根据学生的实际情况，分别给予进步奖、新人奖、创新奖……

在商场中，我们经常看到这样的情况：食品，顾客可以先尝后买；电器，顾客可以先试后买，甚至可以分期付款；还有有奖销售，如买一送一、买一返一等。此外，顾客如果使用信用卡消费，还可以获得一定的积分以换取奖品，并且可以透支一定的数额消费。商家给出以上种种好处，无非是想刺激顾客消费。同理，在教学中，我们不妨也进行有奖销售和透支消费，以激励学生为获得更高的分数而付出努力。

二、灵活运用分数应掌握好平衡

俗话说："种田人看稻，读书人看考。"对大多数学生来说，分数至关重要，所以，教师灵活使用分数时需要慎之又慎，注意分寸，掌握火候，否则容易弄巧成拙。具体地说，教师应把握好以下几个平衡。

1."客观"兼顾"人文"

每一次考试成绩都反映了学生的学习情况，他们希望得到教师公正的、客观的评价，所以，真实应该是分数评价的前提，也应该是所有教育行为的前提。没有这个前提，评价就没有生命力。失去真实性的分数评价，无论手段如何高超，技巧如何娴熟，都会显得苍白无力。所以，我们需要据"实"打分，客观公正，有理有据，实事求是，不能随心所欲，更不能以个人喜好作为标准。当然，如果过分注重客观性，分数就会显得很冰冷，学生难以体会到教师对自己的期待。如果我们在科学分析的基础上强化情感因素，既注重客观性，又注重人文性，就会使师生之间处于良性的、和谐的状态，教师给出的分数也能起到意想不到的教育作用。

对答卷上有些不够完善的答案，教师到底是给分还是不给分？如果不给分，学生会认为教师没有人情味；如果给分，学生会觉得这个教师要求不高，马虎一点儿也没事。此时，教师不妨先让学生得分，但一定要向学生指出答案中不完善的地方，同时让学生感受到教师对他的信任、尊重和希望，以正面教育的形式督促学生养成良好的学习习惯。这样一来，冰冷的分数就变得多情起来。教师不仅仅是裁判员，更是摇旗呐喊的啦啦队员。

2.“激励”兼顾“指正”

学生在做与学的过程中，往往会出现与客观标准存在差距甚至差距较大的情况。若经过努力后，还不能有明显的进步，学生便极易产生“追求疲劳”，自信心减弱。此时，教师的激励就是激发学生潜能的催化剂。学生可以从中领会到教师对他们的期待及信任，并将其转化为自我期待。教师播撒的是期待，收获的却是创造。所以，教师在使用分数评价时应以发展的眼光寻找学生的优势和劣势，引导学生从现实的优势中找到更好的发展方向，在现实的劣势中找到转化为优势的基点，激励学生不断寻找新的发展点，不断得到新的发展。一句话，打分不是为了证明，而是为了改进。

强调激励并不是要无原则地“施舍”学生分数，不是一味藏拙，这会使分数贬值。不需要努力、唾手可得的分数又有谁会珍惜呢？过多的廉价的施舍最终会使学生养成浅尝辄止的学习态度，使分数失去其应有的价值和意义。教师要让学生在了解自身优势和进步的同时也认识到自己的不足，给学生提出有针对性的改进建议，寓贬于褒，这样才能更有效地促进学生发展，这才是成功的激励。分数评价要有激励的因素，更要有客观的、讲究策略的指正，这才是对学生更好的尊重和爱护。

3.“差异”兼顾“公平”

在教育教学中，我们面对的是整个班级的学生，学生的学习能力、学习成绩、行为习惯等千差万别。关注每一个学生的发展、公正地对待每一个学生是为人师者基本的职业要求。另外，实事求是地针对学生的学习情况，采用多种方式做出客观公正的评价，根据学生的个性差异

（思想、性格、情趣、知识、才能等）使用不同的技巧，而不是一刀切，才更有利于培养学生内在的、持久的学习动力。不分对象，不分情况，套用、滥用分数评价，只会矮化教师形象，弱化教育功能，从而走向教育的反面。

如果我们出于对某个学生的关爱而给他加分，其他学生会认为教师是不公正的，所以，教师在照顾个体差异的同时还需考虑公平。上述案例中，我采用了借分的方式，同学们都知道，这分数是我借的，以后是要还的，就不会觉得我是在偏袒某一个人。借分的学生也能体会到我对他的关注。更重要的是，同学们都明白，借来的分数是“信贷”而不是“白拿”，更不是“乞讨”，是有尊严的获得。这使学生处于一种积极的情感状态，从而激发学生进一步努力的信心与决心，促进其可持续发展。

综上，创造性地使用分数的本意是激励、唤醒和鼓舞，将教师的期望传递给学生。这虽然不能直接提升学生的智力水平，却可以影响学生在学习过程中的情感因素，并进而影响学生的学习效果。所以，对学生来说，分数不应该是无情物，而应该是一种赏识、一种启发、一种帮助、一种激励、一种关怀。因此，我们既要关注学生对知识的掌握和能力的提高，更要关注学生在情感、态度、价值观等方面的积极表现。这样，分数就能闪耀出人性的光芒，为我们创造一个和谐、融洽的教育空间提供有力帮助。

借班上课，请别小看课前五分钟

大多数情况下，教师开设公开课都是借班上课。教师面对的是陌生的学生，对学生的思维品质、思维习惯、表达习惯等都不甚了解；反过来，学生对教师也十分陌生，不清楚教师的语言风格、提问方式以及性格特点等。再加上与常态课不一样的地点、环境、氛围，公开课很容易使学生产生紧张感和压抑感。上课之前，学生通常会提前五分钟左右入座，如果教师能利用这五分钟组织课前谈话，了解一些关于学生的有价值的信息，同时也把自己的一些特质呈现给学生，无疑会有助于后续课堂教学的实施。教师在上公开课时基本上会组织课前谈话，可是在实施过程中，却存在许多剑走偏锋的现象。

一、课前五分钟的“走样”现象

1. 过度亢奋，声势虚高

现象一：师生问好之后，在彼此还不了解的情况下，教师就问：“同学们，你们喜不喜欢我给你们上课？”学生有口无心地迎合：“喜欢。”于是，教师不断提高语调：“喜不喜欢？”直至学生大声喊出“喜欢”才罢休。

现象二：教师刚介绍完自己的名字，就问学生敢不敢直呼其名。学生底气不足地回答“敢”，并试着叫了教师的名字。教师听后兴奋地要求学生“大声”“大声”“再大声”，直至学生歇斯底里地吼叫才满意，课后还美其名曰“体现师生平等”。

这样隆重的课前互动过于夸张，说不定听着震耳欲聋的呼喊声，授课教师还会暗自窃喜：这不就是自己期望的热闹的课堂氛围吗？学生不是已经活跃起来了吗？然而事实上，这是一种虚假的热闹，学生并没有全身心投入。试问，这种类似江湖卖艺者圈地揽客的做法又有多少价值？这种为求热闹效果而陷入虚假声势的课前谈话又有多少美感？

2. 基调不符，冲淡主题

有些课的内容是比较严肃的，可教师却在课前插科打诨，极尽幽默之能事，甚至有点儿油腔滑调，学生笑得前仰后合。到了正式上课时，由于课堂的基调定歪了，学生很难进入课堂情境。

课前谈话虽然只是序曲，却影响着课堂教学的方向，所以，教师需要营造与课堂相符的氛围，使其与教学内容的情感基调相吻合。这好比歌唱家定调，只有将第一个音定准了，才可为演奏和歌唱奠定好基础。课堂也是一样的道理，如果调子定歪了，只能引发学生哄笑，给课堂增加一点儿笑料，对提升学生的素养不利。

3. 盲目模仿，东施效颦

一些教师是十足的追星族：看一些名师自我介绍有一套，他也跟着效仿，不顾自己有没有学走样；看一些名师模仿伟人惟妙惟肖，他也跟着模仿，不顾这种做法是否奏效；看一些名师高歌一曲余音绕梁，他也来吊嗓子，全然不顾自己是否擅长……

有一些教师为了增加噱头而盲目复制名师的做法，人云亦云，拾人牙慧，其结果往往是因火候未到而学得走样变形，成为邯郸学步、东施效颦的翻版。它产生的结果就不是无效，而是负效。每个人都是独特的，都有各自鲜明的特点，一些名师的课前谈话方式往往是为自己量身定制的，不具有普遍适用性。教师若心中没有十足的把握，务必慎用。

4. 设置不当，适得其反

教师想利用课前时间调节一下气氛，烹制一道开胃菜，为此特意设计了一些游戏和问题，结果学生还是正襟危坐，不但没有放松，反而更紧张了。教师急得满头大汗，只能仓促收兵，草草了事，后续教学效果可想而知。

出现这种情况可能是因为教师设置的游戏不当或选择的话题过于平淡，勾不起学生的学习兴趣和参与热情；也有可能是因为学生一时还未放开手脚，教师却已等不及，不停催促，结果只有几个学生前来应战，大部分学生只是看客，课堂最终沦为教师唱独角戏的舞台。不论是哪种情况，课堂效果都不是很理想。

5. 时机不当，提前兴奋

课前，教师口若悬河，侃侃而谈，学生兴趣盎然，意犹未尽。结果到了正式上课时，学生期待教师继续出色发挥，反而对教师的提问没有多大的兴趣，懒懒散散，导致课堂冷冷清清，毫无生气可言。

出现这样的结果，除了与教师设置的问题有关，还与教师课前的过度发挥密切相关。课前谈话应该是简洁明快、点到为止，而不能拖泥带水、无止无休。原因有三：一是课前谈话只是序幕，不可喧宾夺主；二是时间宝贵，经不起挥霍浪费；三是人的兴奋期是有一定时限的，如果师生过早兴奋，待转入教学正题时，学生反而找不到兴奋点了。

6. 故作姿态，随意而为

有些教师为了体现自己的语言功底和应变能力，故意让学生自由提问，喜欢问什么就问什么。结果，很多时候因没有学生提问，课堂陷入冷场；或是学生提的问题很尖锐，教师一时回答不了，课堂陷入尴尬的境地；或是学生有太多问题，课堂失控。这些都影响了后续的教学。

课前谈话是课堂教学的预热，其作用是帮助学生缓解紧张的情绪，或让学生熟悉身边的环境，集中注意力，很自然地进入特定的学习情境中，从而为一堂课的顺利实施奠定基础。教师设计课前谈话时应充分考虑自身状况，三思而后行，并根据学生的具体学情巧妙安排，精心设计。那种未经思考的随意的行为，容易使课堂走向反面 —— 课堂要么失控，要么冷场，无论哪一种情况都会让教师陷入被动。

7. 吹捧奉承，逢迎讨好

一些教师为了取悦、笼络学生，让学生好好配合自己，常常会利用课前谈话时间吹捧他们是如何如何优秀，甚至不惜拿自己开涮以衬托学生的优秀。这种做法有可能事与愿违，学生可能会因为担心出错，放不开手脚。

一些教师以类似贿赂的方式讨好学生，批发高帽子，变相拍马屁，还美其名曰“情感沟通”。这种做法极易造成自身形象的矮化。个别教师还采用许愿的方式，以外部奖励为诱饵稳住学生。这些教师试图以这种方式获得高额回报（即学生的精彩表现），可事实上，这种行为反而容易滋生学生的浮躁习气和功利心理。

8. 拖沓冗长，超时超载

现象一：课前，教师滔滔不绝地讲述，像说单口相声，没完没了。上课铃声响后，教师还没有停歇的意思，学生和听课教师都听得如坠云里雾里，不知本节课的教学内容到底是什么。

现象二：课前组织的活动过于冗长，上课铃声响起后，教师一时刹不住车，继续也不是，中断也不是，骑虎难下。

课前谈话应精练简洁，若过于冗长就会产生如下不良结果：一是容易使教师的话显得索然寡味，让学生产生反感和排斥心理；二是容易淡化主题，使课前互动变成脱离教学主旨的高空作业，与沟通师生情感、活跃课堂气氛的目的相脱节，很难自然地过渡到课堂教学内容；三是容易分散学生的注意力，使他们长时间沉浸于课前谈话的氛围里难以自拔。这些无疑都会大大影响后续课堂教学的效果。

二、让课前五分钟成为美妙的前奏

课前这几分钟，是序曲，是前奏，是热身。一段妙趣横生的课前谈话会让一堂好课锦上添花，妙不可言，所以我们不可等闲视之。那么，我们应如何有效利用课前五分钟，第一时间走近学生，为课堂教学创设佳境？笔者根据实践经验，提供以下几个办法。

1. 衔接内容，无缝焊接

执教一节以“丝绸之路”为主题的课时，我在课前对学生说：“我们国家素来注重礼节，今天我和同学们是初次见面，我带了点儿小零食，算是见面礼。”然后，我拿出一袋若羌红枣，但故意把“若羌”二字挡住。他们以为这不过是十分常见的红枣，没多想，拿到就吃。待他们全吃完后，我让他们说说味道如何，他们说特别好吃。我再让他们猜猜这是哪里的红枣，学生们兴奋地猜测起来。最后，我笑着出示“若羌”二字，说：“今天我们要讲的丝绸之路便经过此处。”学生们听后迫不及待地翻书预习起来。

最好的课前谈话，是让谈话内容与教学内容无缝焊接，不露痕迹地由谈话引入新课，由谈话铺垫新课，为学生的新课学习做好知识、方法、情感等方面的准备。案例中，我从“分枣”“吃枣”“品枣”出发，落脚于产地，激发学生的自豪感和学习热情。同时，学生并未察觉我在导入新课，可以说，谈话与导入融为了一体。

2. 真情告白，拉近距离

一次，我去异地送教。因为前面一些环节有些拖延，待我上课时，已经是 11:10 了。此时，无论是上课的师生还是听课老师都感到十分疲累。于是，我选择真情告白："现在已经是 11 点 10 分了，上完课就是 11 点 50 分，彼时大家的肚子早就唱空城计了！俗话说'民以食为天'，我没有准备点心，后面的听课老师也肯定没带干粮，那么，咱们能不能用精彩的表现让老师们忘记饥饿和疲劳？"学生大喊："能！"我继续说道："这样吧，我们在完成学习任务的前提下，适当缩短时间，就算是我们送给在座各位老师的压缩饼干吧！"会场上传来会心的笑声。

我试图用真诚、幽默的开场白引起学生情感上的共鸣，迅速地建立起学生和老师间的亲近感。在学生的心目中，老师不再高高在上，而是一位真诚平等的朋友，课堂教学就在这样平等和谐的氛围中开始了。试想：在这样的课堂上，学生怎会不畅所欲言？

3. 制造反差，出奇制胜

在讲述丝绸之路相关内容时，我先设问："炒胡萝卜、玉米烙、椒盐土豆丝、烤肉、千张豆腐中，哪些东西孔子不可能吃到？"学生顿时兴致盎然，猜测得很起劲。我未置可否，只说了一句"谜底在书上"。学生迫不及待地认真读起书来，上课时我也自然而然地导入正题。

案例中，我利用学生的好奇心理，出其不意地引出课题，这样的互动环节，有点儿类似于英语修辞中的突降。我在活跃气氛的同时，及时把学生的视角引向教学主题，让学生将注意力集中到课堂内容上，且迅速地投入思考，一举两得。这个环节为课堂学习奠定了感情基调，学生从开始时的猜测，到后来相互间的思维碰撞，正可谓“未成曲调先有情”。这样的氛围对培养学生的创新精神、意识和能力大有裨益。

4. 铺垫“孕伏”，预约重点

一节展示课的主题是“沙漠绿洲”。课前，我既没有告知学生也没有出示主题，而是出示了一幅图，图中有一半是沙漠，有一半是绿洲。我让学生辨别此图的真假。学生一下来了兴致，有人说图是假的，是合成图，沙漠里没有绿地；有人说图是真的，绿地是防沙治理的结果；有人马上反驳：“哪有这么黄绿分明的地方，这幅图应该是人类的憧憬……”上课铃声响起，我顺势接过话茬：“同学们，今天的课题是‘沙漠绿洲’。”我悄无声息地导入了新课，还为重点的突破埋下了伏笔。

我用辨真假的形式吸引学生，调动学生的参与热情，很自然地与学生拉近了距离。同时，我比较巧妙地渗入了“沙漠地区如何发展节水农业”这一核心问题，与教学内容产生关联。我这样做，是因为我重视学生思维的碰撞和灵性的发展。由此可见，好的课前互动蕴涵着教师运筹帷幄、高瞻远瞩的智慧，是教师对课堂过程通盘考虑、周密安排的集中体现，是展示教师教学艺术的窗口。

5. 幽默诙谐，激趣引领

一次，我执教一节公开课。课前，我问同学们此时有何感受，几个学生说有点儿紧张。我问有什么表现，他们说自己的心跳很快。我笑了笑说:“你们知道吗，有研究表明，有一个动作能刺激人体分泌快乐激素，使人的心情趋向放松和开朗。”同学们好奇地问是什么动作。我告诉他们答案是“鼓掌”，并问他们要不要当场试验一下。

学生们兴奋地表示“要试验一下”，然后全都集中注意力，跟着我的口令，或是有节奏地齐声鼓掌，或是尽自己所能快速鼓掌，场面热烈而轻松，甚至台下的老师们也一起鼓了起来。

最后，我示意同学们停下来，并随机采访了几位一起跟着鼓掌的听课老师。不知是出于善意还是真的开心，几位老师都很应景地说“果真有用”。全场气氛轻松、和谐，为上课做了良好的氛围铺垫。

教师借班上课时，师生之间的陌生感就像一个屏风隔在二者之间，所以，意在放松师生心情的课前互动既是减轻学生紧张情绪的一剂良药，也是拉近师生距离的一颗蜜糖。案例中，我试图用幽默诙谐的语言，打破屏障，排解学生紧张的情绪，缩短师生之间的心理距离，消除隔阂，营造轻松的对话氛围，使学生在活泼、欢快的气氛中不知不觉进入课堂情境。我们有理由相信，这样的课堂更容易成为学生思维的运动场。

6. 见招拆招，切中肯綮

执教一节展示课前，我问学生有什么需要向我提问的。有人问我的爱好，有人问我的偶像，有人问我高考考了多少分，有人问我最糗的事是什么……我留意到一个女生犹犹豫豫地举起了手，便请她提问。女生问的是我的年龄。我让其他同学猜，他们纷纷嚷着“三十多”。提问的女生怯怯地问了一句:“是不是二十多?”马上有很多学生看她，甚至有一个男生说她“拍马屁”。女生顿时红了脸。我略一思考，答道："对，二十多。"全场惊讶地看着我。我继续道："多十几而已。"全场会心地大笑。女生又抬起头，用专注而热烈的眼神看着我。后面的课上，女生一直很认真，也举过几次手，但比课前大方多了。

学生只有见识到智慧的魅力，才能拒绝外在的诱惑，学习才能成为一种内在的需求。案例中，我处于"告诉真相"还是"守护女生的自尊"的两难境地。我最终决定撒个谎维护女生的自尊，之后又用"多十几而已"陈述了事实。我跳出了两难的困境，赢得了全场的掌声。这掌声，是全体师生对我的做法的认同。

7. 欲进还退，以退求进

上课伊始，我单刀直入地说："三人行，必有我师焉。"并问学生想不想做我的老师，学生听后兴奋起来。接着，我话锋一转："要想做我的老师，该怎么做呢？"有学生老老实实地回答："上课时应该认真听讲。"我反问："这岂不是又变成我的学生了？"此时有学生出其不意地回答："如果能指出老师讲课时的错误，提出老师不能解答的问题，那我们就是老师的老师。"全场鼓掌。

亲切地调侃，可以消除学生紧张的情绪；睿智地启发，可以激发学生昂扬的斗志。案例中，我先向学生伸出橄榄枝，之后学生主动请缨，承担起具有挑战性的任务——当老师的老师。看上去，这是教师的"退"，实际上，这是学生的"进"。正因为有了教师退出来的空间，学生才有进的余地，学生与教师的距离也在不知不觉间消失了。从心理学角度来看，此时学生已经把老师当成了自己人，或者说已把老师当成朋友，接下来的课堂教学定能顺利开展。

8. 相机点拨，借力而行

学生看到会场上座无虚席，于是个个正襟危坐，异常严肃。见此情景，我顺势问道："今天上课和平时有什么不一样？""台下有很多老师。"学生嗫嚅着回答。"这么多老师听课，你们紧张吗？"我明知故问。"紧张。"学生如实相告。我开解道："这儿是同学们的地盘，你们是主人，我是客人，还希望你们多多关照。"学生们顿时笑了起来，台下的听课老师也笑了。我继续说："听课老师也希望你们能多多关照呢，跟他们打个招呼如何？"学生们果真拿出了主人的姿态，大方地与台下的老师打招呼。台下的老师热烈地鼓起掌来。

"贵在真，重在情"，我让学生实话实说，了解他们真实的想法，然后根据实际情况相机点拨，一下子拉近了教师和学生的心理距离，为整节课教学流程的顺利推进奠定了良好的情感基础。学生打消了顾虑，把自己的所思所想、所感所言毫不保留地向教师和盘托出。事实证明，我的激励使学生活跃起来，整堂课学生勇于表现，积极参与，这与我课前对学生信心的鼓励有着很大关系。

综上所述，有智慧的课前谈话是安抚学生情绪的镇静剂，能缓解学生紧张的心情；是融洽师生关系的黏合剂，能拉近师生间的心理距离；是改善课堂气氛的兴奋剂，能让学生的思维处在积极运行状态。

从边际效用递减规律看课堂上的干扰现象

生活经验告诉我们，当我们极度口渴的时候，喝下的第一杯水是最解燃眉之急，也是最畅快的，但随着口渴程度的降低，对下一杯水的渴望也不断减弱。当我们完全不渴的时候，再喝水就会感到不适，喝得越多越会感到不适，这就是边际效用递减规律在生活中的一则实例。

课堂教学也是如此。教师如果过度关注课堂，不仅达不到理想的教学效果，还会使学生感到厌烦，加大师生之间的心理距离，使教学走向反面——学生用消极的方式拒绝，致使教学效果逐渐衰减。可以说，教师对课堂的过分关注，一定程度上干扰了课堂教学。

一、频频打断，穷追不舍——干扰了学生的学习进程

课堂上，教师组织学生齐读教材。忽然，教师发现一个男生在发呆，书也没有翻开，于是大喝一声："××，怎么回事？"男生开始慢腾腾地翻书，其他同学都停下来看他。对此，教师又增添了几分不悦，不耐烦地说："关你们什么事？"读书声又起。过了一会儿，教师无意间瞥见黑板上记录着一个女生未交作业，于是厉声问："×××，快把作业交上来。"就这样，教学进程在教师的训斥中被频频打断，学生再也没有心思继续学习。

当众喝问不仅让当事人产生负面情绪，还干扰了全班同学的学习节奏和进程，降低了学生的学习热情，原本积极的课堂氛围在教师的不当干预下走向消极。其实，教师完全可以换一种方式，比如轻轻走过去提醒一下。试想一下，若教师过分搅扰，有时还裹挟着“热带风暴”袭向学生，即便此时奉送的是金玉良言，也无法打动学生。学生一旦心生反感，教师再来设法调整，难度便大大增加。教育的效果和教育的次数常常成反比，所以我们应追求少而精。教师要经常考虑自己讲话的时机是否恰当，提高我们讲话的效率。

二、喋喋不休，没完没了 —— 破坏了学生的兴致

教师布置了一道思考题，学生安静地思考。不一会儿，教师开始巡视。看到教师走过来，有的学生连忙用手捂住本子，有的学生咬着笔杆做思索状，还有的学生则不好意思地看着教师。教师忍不住催促道:“快点儿，别浪费时间。”看到一个学生抬头嘘了一口气，教师马上走过去，看了一眼后立刻由惊喜转为失落:“不对，再思考一下，要仔细审题。”看到一个学生埋头思索，教师马上将其视为榜样:“大家要向某某同学学习，你们看他做得多认真。”教师风风火火地巡视一番后终于看到做对的同学，随即说:“某某同学已经做出来了，其他同学要抓紧时间。”有学生开始捂耳朵，有学生嘀咕:“说了一遍又一遍，吵死了！”教师对此毫无察觉，继续催促:“一二三，快、快、快……”

语言能否发挥作用，关键不在于数量，而在于质量。关于这一点，墨子有一个很形象的比喻。面对弟子“多说话有好处吗”的提问，他的回答是:“田间的青蛙每天都叫个不停，但是人们一律不予理睬，而雄鸡

每天只是啼鸣两三声，人们听后马上应声而起。多说话有什么好处呢？重要的是话要说得切合时机。”真正有效的教育多是短、平、快的。沉默有时也会发挥积极作用，因为学生只有静心默想，才能让思想抵达深处。在上述案例中，教师看似积极引导课堂，关注学生，可教学效果却适得其反，学生积极思考的课堂氛围被教师频频搅扰，学生学习的兴致被破坏，偏离了理性思考的轨道。

三、急不可待，造成短路——干扰了学生的回答

教师出示一个问题，几个学生回答后，教师似乎并不满意，继续亲切地问：“有没有补充？”一个学生迟疑地举起手，教师异常高兴地说：“你来说！”这个学生站起来回答：“这是……”还没等他说完，教师听出所说依然不是自己期待的答案，急忙打断：“这一点已经有同学说过了，请坐！”接着，教师又叫另一个学生起来回答。这个学生似乎有点儿紧张，眼睛看着天花板，说话有点儿结巴，回答也不完整。教师淡淡地说：“请坐，再思考一下。”就这样，学生的发言不断被教师中断。

在课堂教学中，教师对教学进程的主导是十分重要的，但教师必须要有清醒的边界意识，不能让这种主导变成干扰。教师首先要尊重学生回答问题时充分表达的权利，学生怎么说、想说什么比学生实际在说什么更重要。如果学生想充分表达却被教师打断，被动地接受新知，他表达的欲望和权利就会被湮没，学习热情会被伤害。在上述案例中，教师看似介入课堂，看似在努力调动学生的积极性，实则缺乏对学生起码的尊重。试想，如果教师多一些耐心，多一些等待，通过学生的发言发现其感到困惑的地方，再对症下药，就可药到病除。

四、大肆渲染，不着边际 —— 干扰了教学的流程

某位靠窗坐的学生上课时闲来无事，随手将一个纸团扔出窗外，恰巧被上课教师看见。教师对其进行谆谆教导，由纸团到铁盒到砖块再到人命……教师继续发挥，犯了错误的学生作晕眩状，其他学生有的开始做其他事情，有的趁机嬉戏打闹，课堂秩序越来越混乱。

有时，学生在无意中犯了一个错误，教师觉得批评一次还不够解气，或者怀疑学生没有记住自己对他的批评教育，为了确保学生能够记住并且以后不再犯同样的错误，于是又不厌其烦、不辞辛苦、苦口婆心地为他们讲解为什么不能这样做，或者干脆再多批评几次。教师以为这样重复批评，就能让学生加深印象，让学生刻骨铭心，才算是尽到了教师的责任。殊不知，当教师盲目地对学生进行过多大而空的说教时，学生已经超熟悉这些“名言警句”了。在某些时候，太多、太过随意的临场发挥会变成过度教育，其效果往往不如人意。

五、指令过多，狂轰滥炸 —— 干扰了学生的思考

课堂上，教师安排了一个又一个任务，上一分钟是“请大家默读课文，想想文中写了什么”，下一分钟是“还没读完课文的同学课后再读，先看看黑板上的几个生字该怎么写”，再下一分钟是“写好生字的同学请举手，还没写好的课后再写，请大家背诵第一自然段”，再过一会儿又变成“还没背好的课后去背，我们看看大家背得怎么样，请几位同学来背”……还没完成前一个任务，后一个任务便接踵而至，学生只能疲于应付。

在课堂上，如果教师没有找准学生的知识盲点便开始狂轰滥炸，指令过多、过杂、过密，提供的信息量超过学生的接受能力，学生的脑海里显示的将是一堆乱码。此时，学生往往无所适从，干脆以不变应万变，对教师提出的任何指令都无动于衷，消极懈怠：或做小动作，或与他人聊天，或假装思考，或看其他书……可见，这种只求速度和容量的教学方式，实际上剥夺了学生思考的空间。没有思考的课堂也就称不上有效课堂。从这个意义上讲，留点儿空白比狂轰滥炸要高明得多。

六、絮絮叨叨，造成拖堂——降低了课堂的密度

课堂上，教师絮絮叨叨，重复了一遍又一遍……下课铃声响起后，教师仍津津乐道，再三讲解，丝毫没有下课的意思。学生频频看教室后面的挂钟，如坐针毡。

案例中描述的现象十分普遍。事实上，教师这种做法的负面效应是很大的，它是浪费时间的罪魁祸首，不仅会导致拖堂，还会招致学生的反感。学生甚至称经常拖堂的教师为“唐老鸭”（老压堂的意思）。对学生来说，教师的絮叨简直是课堂上的催眠曲。因此，这种密集型讲解不仅很容易成为引发学生不耐烦情绪的导火索，还会留下后遗症：学生来不及上厕所，无法及时调整情绪和状态，自然无法提高学习效率；干扰下一堂课，下一堂课的教师自然有意见。久而久之，可能会加剧教师间的矛盾，甚至出现竞相拖延下课的现象，影响教学质量。经验告诉我们，靠重复招揽听众的做法是绝对错误的！

七、批评超限，不依不饶——影响了课堂的氛围

课堂上，教师发现一个学生在做小动作，马上提问该生，该生支支吾吾答不上来。教师喝问："刚才在干什么？这么简单的题目都不会！"学生嘀咕了一声："又来了，又来了。"教师继续："跟你说过多少遍了，上课要认真听讲，你知不知道？""知——道——"学生有点儿不耐烦。"明明知道为什么还这样做？这不是明知故犯吗？"学生晃着头装作不在乎。教师见后更是生气："什么态度？你给我说清楚！"学生终于忍不住了："我就这态度，你能拿我怎么样？"教师气极："你父母是怎么教育你的，把他们叫来。"课堂气氛凝重，时间在流逝。

我们千万不能忘记蝴蝶效应，亚洲的一只蝴蝶拍拍翅膀，几个月后美洲就有可能出现强烈的龙卷风！一件看上去非常微小的事情，可能带来巨大的影响。尤其在教育教学方面，一件很小的事情如果处理不当，也可能会导致非常严重的后果。从案例中我们可以看出，刚开始学生还因为自己犯了错误而感觉内疚，但教师的不依不饶和苛责，使学生经历了"内疚"——"软磨"——"硬顶"——"对抗"的变化。即使教师的话句句是真理，但由于教师在短时间内集中火力打歼灭战，导致学生难以承受。这也是许多学生与教师顶牛的主要原因。

在课堂教学中，教师介入课堂要有度，要掌握火候、把握分寸、拿捏尺度。如果过度，就会适得其反；如果不及，又达不到既定目的。教师要先梳理好讲话内容，分清主次，决定取舍，至关重要的话要说，可说可不说的话不说，说多了反而有害的话坚决不说。教师经常这样做做减法，在课堂上干扰学生的现象就会大大减少。

课堂也可以“无为”“清静”

“无为”“清静”是《老子》中最重要的管理思想，也是长期以来引起误解最多的两个概念。许多人从字面意思出发，把它们理解为“什么也不做”，或者从“无为而无不为”“守静笃”这两句话出发，将其理解为“表面上装作什么也不做，其实什么都做”，这是曲解。那么，“无为”“清静”思想的本真内涵是什么？它们对我们组织课堂教学有什么借鉴意义？

一、“无为”“清净”的哲学内涵

在《老子》中，“无为”是指不要违背“自然”做那些没有必要的事甚至强作妄为，简单地说，就是要顺其自然，不妄为。在《老子》中，“自然”一词并非指大自然，而是指一种自在不受拘束的状态，在某些情况下我们可将其理解为客观规律。“无为”是指人处在自然的状态，顺应天性、尽其天性，从而实现自身的成长。《老子》第五十七章说：“我无为而民自化，我好静而民自正，我无事而民自富，我无欲而民自朴。”这描述的就是“道常无为而无不为……天下将自定”的境界。

《老子》提倡“无为”，主张管理者在管理过程中要遵循“清静”的原则。所谓“清静”，就是说管理者在管理过程中不要不停地搅扰、变动，因为事物都有其本来的状态，遵循其自身的规律就容易获得成功，反之则容易失败。《老子》第十六章说:“夫物芸芸，各复归其根。归根曰静，是谓复命。复命曰常，知常曰明。不知常，妄作，凶。”(“万物纷纷芸芸，各自返回它的本根。返回本根叫作清静，清静叫作复归于生命。复归于生命叫作自然，了解自然叫作聪明。若不了解自然，轻举妄动就会出乱子。”)《老子》反复强调“清静”的重要性，认为过分的搅扰、变动将不利于事物的发展，“重为轻根，静为躁君”。“躁胜寒，静胜热，清静为天下正。”因为“轻则失本，躁则失灵”，所以管理者要“守静笃”。

二、“无为”“清静”思想对课堂教学的意义

1. 不妄作

《老子》认为，善于行道的人(对教学而言即好的课堂组织者)应该小心谨慎，因为所有轻举妄动都无法持续。所以，“无为”“清静”对教师组织课堂教学的第一个启发是不能轻动妄作。教师应尽量给学生留下自我反省的空间，激发学生主动地思考，自觉地行动，深刻地领会，从中受到启迪，提高觉悟。老子说:“治大国，若烹小鲜。”烹制食物时，如果用刀铲频频翻搅，就会将食物弄碎。课堂教学也是如此，教师如果整天唠唠叨叨，喋喋不休，容易使学生产生厌烦情绪，无法实现课堂教学目标，这就是“妄作”的后果。

2. 不“为作而作”

老子主张组织者要按“无为”“清静”思想行事，这并不是主张墨守成规，相反，他十分强调变化的重要性。《老子》的第六章在谈到“虚空”的作用时便强调“虚空”的优势就是可以保持变化。但《老子》除

反对组织者“妄为”之外，还要求组织者不要“为作而作”。一些教师为了使自己的工作更容易被他人看到，喜欢搞大的活动。这些活动看似轰轰烈烈，实则并无多少实际效果，可以说这是典型的“为作而作”。《老子》认为这是最差的行为，“多言数穷，不如守中”。不遵循“无为”“清静”的原则，“为作而作”，不但扰民（对教学而言即扰乱学生），而且会失去民的信任。

三、“无为”“清静”思想在课堂教学中的运用

1. 点到为止

有这样一幅名画：马儿在前面行走，后面几只蝴蝶围绕着马蹄翩翩飞舞。画面虽十分简单，不见一草一木，但“含不尽之意于画外”。几只蝴蝶便能激起欣赏者的丰富联想，生动地表现出“踏花归去马蹄香”的寓意。该画之所以赢得众人的喜爱，原因就在于作者充分使用了“藏”的艺术。课堂教学与作画颇有相通之处：它的开放性、多向性、随机性、艺术性都在呼唤教师的“布白”，即教师讲课也应该讲七分，其余三分由学生自己去补充、去创造，这样才能激起学生探求知识的欲望。

在一堂以“规则”为主题的课上，针对学生在生活中存在的漠视规则和死守规则这两种常见现象，我设置了一个问题让学生讨论：“面对不完善的规则，我们是先执行规则，还是先修改规则？”学生进行了一场头脑风暴。经过热烈的讨论，学生对规则的认识更加深入了。

教师不需要讲通讲透，只需要揭示学生认知上的矛盾，便能激起学

生思维的波澜。对教师而言，教学是艺术创造，而不是简单地教授；是探索真理的过程，而不是简单地展示结论。教学是活动，是体验，是构建，是过程。案例中，我之所以设置这样的讨论题，是因为我觉得，课堂教学要唤起学生的主体意识，教师的引导就不能过于直接，更不能将知识全盘托出，而要有所隐匿，要给学生留下足够的思考空间和自由，强调学生参与、强调操作、强调探究、强调经历。

2. 投石激浪

一个恰到好处的精心设计的教案，可以起到一石激起千层浪的作用，能在学生的思维中掀起层层涟漪，勾起学生解疑的渴求，激发他们去寻微探幽。学生思考后教师再释疑，则能帮助学生在知识的台阶上再迈一步，使教材内容“随风潜入夜，润物细无声”地渗透到学生的心中。投石激浪就是在教师的引导下，学生用自己的眼光去观察，用自己的心灵去感悟，用自己的头脑去判断，用自己的语言去表达。在课堂这个小小的舞台上，教师与学生共舞。

某节课的难点是引导学生制定规则。为突破这一难点，我先“投石”：“在学校里我们应遵守哪些规则？”学生详细列举了上课、集会、课间时应遵守的规则。我再“激浪”：“我们不仅要遵守规则，更要做规则的制定者，就让我们一起为在校生制定一份规则吧。”学生热烈讨论，最后制定了这样一份规则：

上课：预备铃响准备好，学习用品不能少；积极发言勤思考，遵守纪律最重要。

集会：集会排队快、静、齐，秩序井然不拥挤；唱响国歌要肃立，国旗升起要敬礼。

课间：不追逐来不打闹，脚步轻轻不抢道；上下楼梯不跑跳，文明休息不喧闹。

…………

最后，师生共同将这份规则命名为“学子形象”。这既是学生为自己设定的规则，也是学生向教师立的契约。

案例中，我试图通过“投石”激起学生思维的浪花，把学生置于发现者和探索者的位置上，使学生处于似懂非懂的饥渴状态，从而刺激学生的欲望，调动学生学习的主动性。这样，不仅问题迎刃而解，而且充分体现了学生的主体性，学生逐渐由被动的听变为主动的思、积极的讲，课堂上出现了百家争鸣、百花齐放的局面。

3. 开而弗达

《学记》中说：“故君子之教，喻也。道而弗牵，强而弗抑，开而弗达。”意思是说，有学问的教师教育学生时重在引导，引他走路而不硬牵着他，鼓励他前进而不强制他，启发他思考而不把一切都告诉他。在课堂教学中，教师不可能也没有必要把每一个问题都阐释清楚。教师的作用在于指明途径，让学生自己去走、去思考、去行动、去发挥，即由教师来画龙，点睛的工作留给学生自己去完成。先让学生感到“山重水复疑无路”，然后激励学生通过自己的努力去寻找“柳暗花明又一村”。

课上，我选取了生活中的一个典型现象让同学们讨论：小明在公交车上给一位孕妇让座，结果对方并不是孕妇，只是有些胖。听到小明要给她让座，她当即黑脸。经历此事后，小明还要给孕妇让座吗？

因为这个问题特别贴近生活，同学们讨论的热情很高。经过互动碰撞，学生们达成共识：看到孕妇时还是要让座，但要有一定的技巧。学生们认识到，与人为善，也要讲究智慧。他们的认识更加深入了。

案例中，我放手让学生根据各自的理解大胆地去探索、去分析、去发现、去分辨，并在与同伴的交流中自我完善，从而拓宽生活领域和精神领域。这样，学生对教师所教的知识、理论、思想产生了共鸣，突破原有的认识，达到最近发展区。这时，学生就会出现茅塞顿开、豁然开朗的感觉。“不愤不启，不悱不发”，有限的知识也可以促进学生无限的发展。

4. 适时静默

《老子》“无为”“清静”的思想告诉我们，过多的灌输会减损学生的创造才能与热情，过多的干扰和提醒会伤害学生的主动性。在实施课堂教学时，教师适时静默，让学生自我思考、自我反思，最终也能达到自我教育的目的。这种做法可以给学生琢磨思考的余地和联想回味的空间，无疑会加深学生对问题的理解和对事物的把握，让学生在心灵深处产生震动。

还有一种情况是，当课堂上有学生思维游离或做其他事情时，教师适时沉默一下，全班突然处于安静状态，这会使当事学生感到异样并自觉回到课堂中来。这也是适时静默的积极作用。

教师若在课堂教学的过程中恰到好处地参照、运用《老子》的“无为”“清静”思想，深刻理解《老子》的“为学日益，为道日损。损之又损，以至于无为，无为而无不为”带给教学的启示，以虚为实，虚实结合，便可引导学生逐步进入探求知识、完善人格的自由王国。

给口头禅构筑防火墙

口头禅是一个人经常挂在嘴边却没有多少意义的话，它能折射出人对事物的一种看法，是外界的信息经过内在的心理加工后形成的一种固定的语言反应模式。

在大多数时候，说口头禅已经成了人们的无意识行为，但无意识的东西往往是最真实的，它常常是一个人在不经意中流露出来的真实想法和态度，能间接反映一个人的性格。

教师的口头禅往往能折射出他的教育观念和态度，折射出他的处世态度和价值取向，所以，我们不可等闲视之。

一、那些伤人于无形的口头禅

1. 侮辱型——“蠢”“笨”“傻”“呆”“混”……

个别教师对部分学习落后的学生看不顺眼，动辄斥之“真笨”“傻瓜”“榆木疙瘩”“木头”“蠢到家”……于是，这类话语成为个别教师挂在嘴边的口头禅。

教师说这种口头禅，对学生的影响与精神虐待是一样的。不用说，常被教师谩骂的学生，往往在同学眼里也变成了另类，大多数会被孤立，久而久之，他们也就慢慢降低了对自我的期待。试想，如果一个人经常听到他人对自己的负面评价，甚至是赤裸裸的贬低，一般只会有两种反应：要么对对方产生反感和抵抗情绪，要么对自己产生怀疑。作为学生的重要他人，教师如果反复对学生进行矮化和贬低，用像刀一样锋利的语言斫削学生的自尊和自我期待，学生可能慢慢就会成为教师所说的那种人。

2. 多余型——“嗯”“啊”“这个”“那个”“就是说”……

少数教师在教学中经常夹杂着不是标点符号的标点符号，诸如“嗯”“啊”“这个”“那个”“就是说”……对此，许多学生不堪其扰，有些还义务帮助教师记数——数一数教师在一节课中说了多少句口头禅。

这种标点符号型口头禅本来只能表达一个简单的意思，但因教师使用过于频繁而占用了过多上课时间。而且，原本完整的话语由于加进了这类口头禅，变得支离破碎，不仅会影响学生对教师话语的理解，还会分散他们的注意力。这样的教学语言怎能让学生“明明白白我的心”？于是，有一些学生把教师的话当成耳边风，甚至有调皮的学生把教师的口头禅变成他的绰号，影响了教师的形象。

3. 命令型——“给我……”

我们偶尔会听到个别教师说：“给我听好了”“给我把卫生搞干净”“给我把作业订正好”“给我站好了”……

这些教师俨然成为发号施令的统帅。此时，在教师眼里，学生最好是超级敢死队，一切行动听指挥，指哪儿打哪儿，义无反顾。可惜事实往往不尽如人意。常常听到这类唠叨的学生，会减损主动意识，变得亦步亦趋，或是消极怠工，教师叫多做则多做，教师叫少做则少做，教师没叫做则坚决不做。一些教师对此十分不解："不知这帮学生是怎么搞的，好像都是给我做的，一点儿也不自觉。"究其根源乃是教师并没有真正将学生当成有选择能力、有潜力、有责任心的独特个体来对待。

4. 指责型 ——"你总是……"

下面这类口头禅我们偶尔也会听见："你总是给我添乱""你总是屡教不改""你总是做作业拖拉""你总是违反纪律""你总是考最后几名""你总是给班级丢脸"……

这类口头禅的言外之意是"你一贯都是这样"。教师用一句简单的判断，将学生打入死牢。这类口头禅反映了教师对学生的一种情绪和心态 —— 他们总给自己添堵、惹事。学生被贴上这类标签后，要么产生"我总是给班级添乱，我总是拖班级后腿"的自责感和愧疚感，要么产生"我就这样，你能怎么着"的自暴自弃心理。这类口头禅会给师生交往增添阻隔与困难，使师生关系陷入恶性循环。

5. 冷嘲型 ——"就你行？""就你会？"

课堂上，一个学生急于表现自己，教师有些不耐烦，泼上一盆冷水："就你行？就你会？"那个学生赶紧闭嘴，脸涨得通红，那只高高举起的手颓然放下。

案例中，学生的行为可能打断了教师的思路，干扰了教学进程，而教师又急于赶进度，因此才会不耐烦。遭到教师呵斥、抢白、讽刺、挖苦的学生只能独自咀嚼挫败感和压抑感。这里，教师对学生的不耐烦、反感和自身急于求成的浮躁尽显无遗。他再也不愿意倾听学生可能有独特见解的回答，再也不愿意多看一眼那个“自以为是”的学生，更不要谈去仔细分析、提供帮助了。一个习惯于说“就你行”的教师，很难让人相信他对学生是有耐心而又充满期待的。

6. 暗示型——“他这样说对吗？”“是这样吗？”

有的教师常会在学生回答错误时问一句“是这样吗？”“他这样说对吗？”这种富有暗示性的话语会让后面发表意见的学生齐刷刷地临阵倒戈。

学生这种墙头草的行为与教师自身的语言习惯有关：学生回答问题正确时，教师满脸喜色，迫不及待地转入下一个教学环节，也不过问其他学生是否想补充或是否有异议；反之，学生回答问题错误时，教师迫不及待地询问其他学生“是这样吗？”“他这样说对吗？”教师这种学生答对不问、答错就问的做法，再配上异样的语气，很容易让学生窥知教师心中的底牌，迅速调整方向以作出符合教师预期的判断。

7. 推诿型——“我真搞不懂”“讲了这么多遍还不会”

我们有时会听到教师这样说：“我真搞不懂，这帮学生怎么这么差”“我真搞不懂，讲了这么多遍了怎么还不会”“有没有搞错，跟上次错的一样”……

个别教师说这类口头禅，很大程度上是为了将责任和焦点转移到学生身上，一句“我真搞不懂”就轻而易举地转移了责任。这类口头禅不仅表明问题与自己无关，还反手将矛头对准了学生——既然是学生出了问题，那责任自然不在教师身上。其实，作为教师，我们即便真的是有困惑和焦虑，不明白为什么学生的学习效果不佳，也不妨多从自己身上找原因：自己是否认真分析过学生学不好的原因，是否真正了解过学生的身心发展特点，是否真诚地关心过学生最近的生活状态。这种带有疼痛感的自我反思，才能帮助你走出困境。

8. 说教型——“同学们，学好 ×× 课是很重要的”……

某位教师每节课上课之初必说这样一段话：“同学们，学好数学是很重要的，你们的人生只有两万多天啊！”学生听后作晕倒状。

就教学而言，往往是多说无益。君不见，麻雀天天叽叽喳喳叫个不停，却无人理会，而雄鸡每天只是啼鸣两三声，人们听后马上应声而起。说教型口头禅几乎无一例外会招致学生的反感，最终只能沦为课堂上的噪音，其结果可想而知：任你青筋暴凸、唾沫横飞，学生却只是一笑而过，仍旧我行我素。尤其是上课之初，这类口头禅会大大破坏学生的学习兴致，影响后面的课堂教学。

二、为自己量身定做一个积极的口头禅

口头禅有心理暗示作用，教师消极的口头禅会在不经意间伤害学生的自尊，而积极的口头禅则可以在潜移默化中促进学生的成长。韩剧《加油！金顺》里，“加油！加油！”这句话几乎在每集中都会出现。它是剧中女主人公的口头禅，每次遇到困难时，她都会右手握拳屈臂，口中大声地喊：“加油！加油！”她用这句话鼓励自己战胜困难，增强自信。

这样的口头禅催人奋进，是我们应该提倡的。教师也可以为自己量身定做一个积极的口头禅，它既可以提升自身的形象，又可以促进师生间的良性沟通。

1. 开导型——“还不错嘛！”

学生遇到烦心事，心情郁闷、一脸沮丧时，我常这样开导：“还不错嘛，你还会悲伤，这说明你的情感体验很正常！”“还不错嘛，情况没有想象中那么糟糕。”这样的鼓励会使学生的情绪更加积极。

对情绪低落的学生而言，这句口头禅中所包含的那份宽容、客观、善意，无疑是鼓舞人心的。我的这句话以爱心为出发点，以善良为根据地，我希望用开玩笑的方式将对方的烦恼化于无形。相信这样的口头禅学生很容易接受。

2. 换位型——“如果我是你，我会……”

学习委员检查作业时，记错了另一位学生的名字，惹得那位学生非常不高兴。我走上前，悄悄在学习委员的耳边说：“如果我是你，我会道歉。”学习委员接受了我的意见。事后，我又跟学习委员说：“如果我是你，我会对着名单一一查找，一是提醒他们别忘了交作业，二是进行二次确认，以免再出错。”

我换位思考，假设自己是学生，给对方提出了一种比较合理的建议。这既是一种旁观者的清醒认识，也是一种支持者的真情帮助。对于一个正处在迷途中的人来说，这无疑是一种善意的点拨。相对于“你怎么能这样做呢？”“是谁让你这么做的？”“我告诉你，你以后不许这么做！”这类训斥式的口头禅，“如果我是你，我会……”则显得温和可亲，学生可从中体会到教师对其人格的尊重。

3. 助威型——“有我呢！”

我的一句口头禅是“有我呢！”我说这句话时，总是将声音提高八度，但表情仍是那么轻松、活泼，眼神中不乏鼓励。于是，课堂变得轻松自在了，一些平常总是一声不吭的学生也成了勇士，一位从不在课堂上主动回答问题的女生也破天荒地举起了手……

教学中，不少教师对此都深有感触：年级越高，主动回答问题或表达观点的学生越少，这个问题颇让教师伤神。出现这种现象，不排除学生年龄越大越怕羞、不想举手的原因，但更重要的原因是学生怕如果自己的回答不正确、不完整、不精彩，可能会换来同学的嘲笑或教师的冷脸。学生轻易不会举手，除非有百分之百的把握。“有我呢！”的言外之意是教师可以帮你，能减少学生的后顾之忧。

4. 鼓励型——“我们”

在学生的思维卡壳时，我常常会说：“我们是不是可以换个角度来看这个问题？”一个“我们”，瞬间把师生联系在一起，教师成了学生的同盟者和自己人。

案例中，学生从老师的话中体会到了老师的用意：老师在善意地提醒我们，老师在给我们机会，老师在期待我们更加努力，说到底老师是在替我们着想。“我们”的后面，是老师对学生的接纳与鼓励；“我们”的后面，是老师对学生的认同与尊重。

5. 抛砖型——“我认为”

我在教学中喜欢在自己的见解前加上“我认为”，让学生感觉到这只是我的个人观点，他们也可以提出自己的看法。随着时间的推移，我的学生也喜欢在自己的见解前加上“我认为”，课堂上呈现出一种多样化的生动活泼的氛围。

要让学生敢于说话，最好的办法就是解除学生怕说不对、怕说不清、怕说不好的后顾之忧。教师不妨多说“我认为”——言外之意是你也可以表达自己的观点，以此活跃课堂气氛。教师这么说，既显得大方，又能引发学生愉快的情绪体验。一句“我认为”，不仅能够消除教师与学生之间的隔阂，还能够让师生交往更加顺畅。

教师的口头禅可以直接或间接地影响着学生的人生态度和价值取向，影响着学生的成长。积极的口头禅好比火把，可以点燃学生进取的希望；而消极的口头禅好比利剑，会砍伤学生奋发的锐气。教师需要谨言慎行，必要的时候为自己量身定做一个积极的口头禅。

将逆境牌打成顺风牌

有一次，年轻的艾森豪威尔和家人玩牌，他连续几次都拿到很糟糕的牌，情绪非常不好，态度也恶劣起来。他的母亲见状说了一段令他刻骨铭心的话："你必须用你手中的牌玩下去，这就好比人生，发牌的是老天爷，不管拿到的是怎样的牌，你都必须尽自己的全力，以求得最好的结果。"拿到什么牌，我们并不能预见，也不能改变，但我们能决定如何出牌。可见，重要的不是牌的好差，而是牌技是否精湛。

与此类似，课堂教学也存在众多意想不到的变数，教师经常会遭遇一些意料之外的情况，使教学陷入一种尴尬的境地。这些情况如能及时化解，教学就会柳暗花明；如不能及时解决，课堂将会黯然失色。那么，如何将这些逆境牌打成顺风牌呢？本人联系自身的经历和所见所闻，谈谈以下几点心得。

逆境牌1：无人应答

【案例再现】某教师的教学片段

师："同学们，请说一下你们对家的认识。"

（没有一个学生举手，教师鼓励学生）

师："要是说错了也没关系！谁先来？"

（学生依然没有反应，教师继续开导）

师："不至于吧，这么简单的问题也答不出来！随便说说就可以了。"

（学生被这略带讽刺的语言锤打得低下了头）

师："再没人举手，我可要点名了！"

（任凭教师如何追问，仍旧无人举手。大多数学生低头不语，不敢正视教师，生怕被教师强行点名发言。师生在这种凝重的尴尬氛围中熬到了下课）

【原因分析】

第一，教师的问题不够具体，又问得生硬而且突然，学生要回答这个颇有挑战性的问题显然有点儿难度。

第二，学生具有自我保护意识。所谓"不打无准备之仗"，学生不想也不敢回答自己心中没有数的问题，担心自己的回答换来的是教师的质疑和同学的嘲笑，所以他们不得不以埋头的方式躲避教师，保护自己。

第三，课堂气氛太紧张。教师越追问，学生越紧张，所以便有了课堂上尴尬的僵持局面。

【巧打对策】降低难度，包容转换

我也曾遇见过类似的情况，对此，我是这样处理的。

（面对学生的沉默，我换了一个问法）

师："我们天天生活在家里，对它十分熟悉。但正是因为十分熟悉，有时反而容易忽视它。我们今天就聊聊这个话题。每个人对自己的家感受是不一样的，如果用一种水果来描述你对家的感觉，你会用什么？说说你的理由。"

（一时间，学生兴致高昂，答案可谓精彩纷呈）

生1："我觉得我的家像一个石榴，紧紧地团结在一起，都要挤爆了。"

生2："我觉得我的家就像一个桃子，颜色鲜艳，中间有一个核，那就是我。我被我的家人紧紧地呵护着，感觉就像桃子的味道，甜滋滋的。"

生3："我觉得我的家像芦柑，刚开始吃的时候，有一点儿苦，但是再品一品，尝一尝，就会觉得味道好极了。"

生4："我觉得我的家像苹果，虽然看上去很普通，但营养很丰富。"

…………

（学生还在争相回答）

教师提问时应根据具体的学情进行调整，如遭遇冷场，可适当降低难度，缓解学生的恐惧心理，以免造成哑巴课堂。同时，课堂也是心理场，学生回答不出问题并不可怕，可怕的是学生不敢或不想回答问题。教师提问后可适当给学生一段时间思考，如果确实无人回答，就不要不停追问，而应转换提问方式："这个问题很难，我换一种问法，大家努力思考一下！"教师为学生提供脚手架和台阶，说不定课堂教学活动就会出现一个美妙的转弯。

逆境牌2：旁逸斜出

【案例再现】一节公开课上的教学片段

师："你知道哪些关于坚强的事例？"

生："我觉得《西游记》中的白骨精很坚强，她屡败屡战，不怕困难。"

（面对学生这番猝不及防的发言，教师一时接不上话来。而这番话却引起了其他学生的极大兴趣，大家七嘴八舌地议论起来）

生："白骨精巧妙地利用了唐僧的慈悲之心对付孙悟空，可见她还挺机智的。"

（更多的学生加入讨论，教师乱了阵脚，无所适从，课堂进入无序状态）

【原因分析】

第一，学生喜欢表现。学生在课堂上喜欢积极展示自己，具有较强的表现欲，将类似"白骨精很坚强"的话脱口而出就不足为奇了。

第二，教师的应对机智不够。面对学生"离经叛道"的言论，教师哑口无言，态度迟疑不定，错过了最佳的调控时机，将学习重点让位于学生无谓的各抒己见，使教学陷入混乱、无序的状态。

第三，教师忽视学情。学生是不成熟的正在成长的个体，他们的体验常常是浅尝辄止的或朦朦胧胧的，有时甚至是背离基本价值取向的，需要教师来解其困、清其障。

【巧打对策】当机立断，据误引导

我们可以做这样的设想：

（面对学生的惊人言论，教师可以反弹一下琵琶）

师："白骨精一计不成再生一计，她的目的是什么？孙悟空打死白骨精变的妙龄少女和老婆婆后，被师傅念了咒，十分痛苦。

但即便如此，在识破老公公是白骨精变的后，他依然举起了金箍棒，一棒将其打死，最后被师傅狠心赶走。白骨精和孙悟空，二者到底谁才是真正的坚强？”

（学生开始反思自己原先的观点，开始进行深层次的思考）

课堂上常会出现这样的场景：学生活跃的思维挣脱教师的缰绳，奔向野外。学生出现错误的理解是常有的事，对这种误读、曲解、歪理，教师要在不伤害学生自尊的前提下，敢于说“不”，让学生自己发现认识上的谬误之处，领悟并接受正确的价值取向。教师千万不能不置可否，因为这不仅仅是对这位学生的误导，更是对其他学生的误导。教师要肯定学生的奇思妙解，尊重其个性见解，但这并不意味着对学生的“标新立异”一味默认许可。尊重学生的个性必须建立在一定的标准和共识基础上。如果鹿可以是马，马可以是鹿，多元被异化为无元，教学必将陷入混乱无序的状态。

逆境牌 3：学生突然发难

【案例再现】一位老师的作文指导课

师：“同学们，上一次老师布置的小论文，某某同学写得非常有新意，我读给大家听听。”

（老师朗诵该同学的文章，学生听得津津有味。忽然，一个学生高高举起了手）

师：“什么事？”

生 1：“老师，这篇小论文是抄来的！”

生 2：“是的，我也看到过。”

（课堂一下子躁动起来，同学们由开始的赞美变为鄙视，老师也极为难堪）

师：“某某，你站起来。这篇文章是不是抄来的？”

（学生低头默认）

师：“跟你们讲过多少遍了，不许抄袭。”

（老师十分恼火，课堂气氛异常紧张）

【原因分析】

第一，学生很单纯、正直，他们认为抄袭是可耻的行为，所以全班学生听到这篇文章是抄袭的后有如此激烈的反应。

第二，教师显然比较气愤，所以严厉批评抄袭之歪风，而且在潜意识中觉得抄袭者使自己陷入了被学生嘲笑的尴尬境地，故而借用批评宣泄自己的不快。

第三，教师的定力不够。案例中的教师遇事急躁，不冷静，没有给学生解释的机会，也谈不上倾听，更没有为处在窘境中的学生一个台阶。

【巧打对策】正面诱导，变废为宝

我在指导学生写小论文时，也曾遇到类似的情形，我是这样处理的。

（面对学生的“揭发”和“起哄”，我冷静地正面引导）

师：“同学们，这篇小论文写得好不好？”

生：（异口同声）“好。”

师：“那就请同学们谈谈好在哪里。”

（在我的引导下，学生将注意力转移到了对小论文本身的评析和欣赏上）

师："某某，你为什么要把这段话抄在自己的作业里呢？"

某某："我很喜欢这段话。"

师："我明白了，你想把这段话推荐给老师和同学们。美文确实值得细细品读，我们也可以大胆地将其中的好段落、好方法运用到自己的写作中来。可是，你却没有把作者的姓名写清楚。你可能是疏忽了，但这样的疏忽会带来极大的困扰，因为你没有遵守规则。"

师：（停顿了一会儿）"这样的美文我们班只有三个人仔细读过，实在可惜！我们不妨在教室里开设一个'美文鉴赏角'，如何？"

（我的提议得到同学们的一致赞成，那位抄袭的同学终于松了一口气。下课后，她主动找到我，承认了自己的错误，并表示今后一定要多读书，提高自己的写作水平）

教室是一个允许出错的地方，重要的不是学生是否出错，而是教师对待学生错误的态度。面对学生的错误行为，我们的心态应更加平和、宽容，积极对待，冷静处理，将那些看似无意义的或消极的事件进行巧妙的转化和嫁接，使其生发出不同寻常的意义。在这节课上，我试图用自己的爱心和智慧驱散教学进程中的乌云，以保护学生的自尊心，使犯错的学生认识到自己的错误，在最短的时间里化解由意外事件带来的负面效应。

逆境牌 4：横生枝节

【案例再现】某节公开课的教学片段

在一节公开课上，教师正播放课件，课件做得异常精美，画面动人、声音悦耳，把学生深深地吸引住了。突然，电脑出现了故障，课件只见画面，不闻声音。教师急得像热锅上的蚂蚁，脸涨得通红，手足无措。他跑出教室请来电教员帮忙，结果电教员弄了半天，也没有弄出声音来。

【原因分析】

第一，教师没有做好充分的思想准备，以至于面对始料未及的意外事件时手足无措。

第二，教师不够沉着。课堂上若发生突发事件，教师只有沉着、冷静，才有可能计上心头，找到解决问题的最佳方法。

第三，教师应对机智不足。教师不能随机应变，拘泥于预先设定的教学过程，机械执行教案，希望能步步为营、环环相扣，踏着精心计划的轨迹前进，试图将教学过程固定成不变的程式和僵死的模式，却忽视了实际教学活动的多样性和复杂性。

【巧打对策】即时变奏，“弄拙成巧”

遇见这样的教学场景，我们不妨这样处理：

教师用自己极富情感的朗读来为课件画面配音，或请学生们推荐一位朗读能力强的学生来朗读，甚至可以请学生们即兴表演，以此打破僵局。

遇到类似情况时，教师还可以一边让电教员修理电脑，一边安排学生预习教材，这也不失为一种好办法。这样做不仅可以解除课堂上的尴尬，同时，教师也有机会接近学生，了解他们的学情，而且有时间临时修正和调整教学思路，将意外的负面影响降到最低。面对由客观原因引发的偶然事件，如果教师感到委屈不平，抱怨、急躁便随之而来；相反，如果教师怀着平和的心态，变换教学方式，巧妙地进行嫁接，反而会迸发出教学智慧，演绎出不一样的精彩。

逆境牌 5：意外杂音

【案例再现】一节公开课上的教学片段

在一节以“让我们选择坚强”为主题的课上，教师正声情并茂地为学生讲解，突然教室里传来一声巨响，学生的注意力全被吸引了过去。原来，后排的一位学生将凳子坐坏了。这张凳子由于年久失修，早已摇摇欲坠，此时彻底被这位学生坐坏了，他也随着这哗啦啦的响声一屁股坐在了地上。看到这个场景，教师一下子蒙了，呆呆地站着，而那位学生也不知所措，满脸通红地站在那里。结果还是听课教师把自己的凳子让给了那位学生，才算解了围。

【原因分析】

第一，教师缺乏教学经验。上课教师面对众多听课教师，心理紧张，同时因为缺乏类似的经历和经验，导致临场表现失当。

第二，教师缺乏随机应变的能力。在课堂上出现意外事件时，教师应该快速反应，在最短的时间里化解意外事件带来的负面效应，而不应该不知所措地站在讲台上。

第三，学生觉得难堪。学生并非存心捣蛋，实乃无心之失，但因在众人面前出了洋相，觉得难堪，便一时慌了神。

【巧打对策】顺水推舟，巧妙嫁接

遇见这样的教学场景，我们不妨这样处理：

（立刻把学生摔倒和教学内容联系起来）

师："同学们，这位同学摔倒了，一定很疼，但他仍然笔直地站在那里听课，多么坚强！我建议大家用掌声来表示对这位同学的尊重。"

（相信学生会鼓掌，然后师生可以马上回到教学中来，看似棘手的问题迎刃而解）

教学机智是指教师能在复杂、微妙的教育情境中捕捉到能够触动学生的发展时机，把课堂教学活动导向促进学生智慧生长的轨道上来。面对节外生枝，教师要勇于面对，趁热打铁，"热"处理的手法换来的将是精彩的现场生成。如果想要上出一堂有力度、有深度的课，教师就不要怕课堂上的各种挑战，哪怕这些挑战是自己事先并未想到过的。一句话，只要有助于学生的感悟和拓展，自己被偶发事件将了一军又有何妨呢？

综上，真实的课堂教学是师生及多种因素间相互作用的动态过程。它不可能百分之百按预定的轨道运作，常会发生一些有意义或无意义、重要或不重要的意外。教学机智正是教师在正视这些阴错阳差、重视这些节外生枝后的灵光一闪。拥有教学机智的教师，可以让课堂教学走向灵动，走向睿智，精彩也就不期而至。

别让表扬搅了赏识的局

如今，社会上有许多人十分推崇赏识教育。对陶行知先生的那句“你的教鞭下有瓦特，你的冷眼里有牛顿，你的讥笑里有爱迪生”的片面理解，让许多教师以为赏识就是表扬，赏识就不应批评，因此对批评越来越慎重，不敢轻易说一个“不”字。

被大家极力推崇的赏识教育，将众多教师裹挟其中，使其失去了理性思考能力。于是，诸多不当的表扬，迷失在生硬、僵化的赏识怪圈里，产生了诸多副作用。

一、在赏识中迷失的表扬

恰当的表扬可以强化学生的良好行为，并使良好行为不断得到内化，提升学生的自尊心、主动性、成就感和学习积极性。但不恰当的表扬，不但会失去表扬本身的意义，还会带来负面影响。

1.“滥”—— 泛滥成灾的表扬

教师说：“下面，请同学们说说自己的观点！”学生纷纷站起来阐述自己的观点。无论学生怎么回答，教师都说：“真棒，大家为他鼓个掌。”随着教师的一声令下，学生机械地拍手。一节课下来，这样的掌声不绝于耳。

与沉闷的课堂、紧张的师生关系相比，案例中的情况是一种改变，被表扬的学生也能感受到教师和同学对自己的关注，一定程度上可以提高积极性。但倘若我们仔细审视，便会发现这种表扬方式不值得提倡。教师的做法是对赏识的粗浅理解：不需要深思熟虑，只需举手发言便可获得的表扬，含金量有多大呢？而且“人生有度，过则为灾”，一句“你真棒”从一年级听到初中，学生早已充耳不闻了，就像吃腻了的山珍海味一样，难以再激发他们的兴趣。更令人担忧的是，这种过多的、过于频繁的表扬如同精神鸦片，会削弱学生的内在动机。很多学生的注意力和兴趣只是被表扬所吸引，实际上没有认真倾听和思考，忽视了学习本身。

2.“过”—— 言过其实的表扬

出于鼓励学生积极发言的目的，许多教师在评价学生时，往往夸大其词，“你是最棒的”“回答得太漂亮了”之类的评语在课堂上比比皆是。

这类表扬是否有些刻意拔高？表现更好的学生该怎么表扬？暂时未发言的学生又该怎么办？教师在盛赞这个学生时，是否有意无意地伤害了其他同学呢？学生小小的进步教师便给予如此夸张的赞美，是否会让学生变得心浮气躁？下一次学生进步更大怎么办？我们的教学评价是追求短时刺激，还是长效发展？这种不切实际的表扬，不仅传递了虚假的信息，而且助长了华而不实的学风，遗患不浅。教师的这种评价容易使学生失去对自己清醒和全面的认识，造成自信过头、一遇到挫折就一蹶不振的后果。同时，类似“你是最棒的”的说法也容易给学生的思维造成束缚，让学生形成一种思维定式，让其他学生认为“都‘最棒’了，哪还有什么其他答案啊？”“这是最好的答案，幸亏我没有举手！”

3.“误”—— 走入歧途的表扬

教师让学生谈谈自己对爱国的理解，也可以举例说明。一个学生说：“我觉得爱国就应该发自内心地认同我们什么都比外国好，这样才能增强民族自豪感。”教师的评价是：“你很有家国情怀。”又有一个学生说：“爱国就不要去吃麦当劳、肯德基、寿司。”教师的评价是：“你将爱国落实到具体行动上。”于是，更多的学生自由议论开来。

教师表扬什么、如何表扬，对学生均有一定的影响。案例中，面对学生的一些明显值得商榷的观点，教师没有提出批评和指正意见，明明是值得讨论的观点却称赞很有情怀，明明是误入歧途的观点却赞之落实在行动上，长此以往，势必对学生的认知形成误导。正确的导向是课堂表扬的指南针，离开这枚指南针，教师的表扬就失去了存在的意义。课堂评价有最基本的要求，如弘扬良好的道德品质，关注学生的身心健康等。我们在强调尊重学生个性差异的同时，也不可忘记这些最基本的要求，否则就会使学生缺失最起码的社会规范和社会责任感，甚至偏离正义和善良的轨道。

4.“偏”—— 有失公正的表扬

一位教师曾坦率地表达了她对赏识的理解：“传统教育似乎总是一味地批评、指责、否定学困生，导致学困生缺乏自信心。现在人们提倡赏识教育，提倡好孩子是夸出来的，所以我现在特别偏重学困生，只要他们有一丁点儿闪光点，我就会隆重表扬。”

许多教师一提到批评学困生就讳莫如深，唯恐自己被扣上棒杀学生的帽子。学困生固然需要更多的鼓励，但教师若因此给予学困生缺乏激励性、不符合实际情况的廉价表扬和过度关怀，非但不能真正激发他们学习的动力，反而会使他们的思维一直停留于浅层。这种有失公正的赞美，会让学困生感到获取荣誉太容易，也会让其他学生感到不公平。这种无原则的迁就和纵容，会让一部分辨析能力还不够强的学生与人相处时的心态发生变化，他们的言谈举止也会变得乖张怪异起来。从这个意义上来说，这种被所谓的赏识包裹着的迁就，实质上是一种程度更重、层次更深的隐蔽伤害。

5.“讽”—— 话中带刺的表扬

教师提出了一道简单的问题，并指定一位学困生回答。学生回答正确，教师当即表扬：“今天表现不错！”原以为，该生会因受到表扬而满脸喜色，谁知他却是面无表情。有时，一些原本表现不佳的学生取得一点儿进步，教师也会给予类似的“表扬”。甚至有些时候，教师想通过表扬这类学生的方式来刺激其他同学：“你看人家张三都能做对。”再看张三，不但没有喜悦，反而尴尬地红了脸。

众所周知，每个人都渴望得到他人的表扬与肯定。但为何案例中教师的表扬，却没有起到应有的效果呢？仔细思考后我们不难发现，“今天表现不错”的言外之意是“以前表现并不好”。“你看人家张三都能做对”，显而易见，这个张三的学习基础一定是不太好的。在这里，教师的表扬揭了学生的底，给学生带来了一种挫败感。事实上，我们若站在学困生的角度来看，这样的评价不要也罢。教师一旦话中有话、明褒实贬，哪怕是无意的，都可能造成隐蔽的却是更深的伤害。那种“表扬一个，打击一片”的方式更是得不偿失，教师看似盛赞了这个学生，实则在客观上实施了双重打击，即在有意无意间伤害了这个学生，同时也伤害了其他学生。在教师生硬的比较中，其他学生成了参照物，更显得相形见绌，自然容易产生消极情绪。

6.“谀”—— 变相迎合的表扬

有几个学生经常在课堂上破坏纪律，为了稳住他们，教师总是找出各种名目和借口表扬他们，期望他们不要闹出乱子来。这种做法在短时间内有效果，但随着时间的推移，这几个学生不再买账，其他学生也效仿他们，课堂纪律每况愈下。

这种变相迎合的表扬容易使教师将注意力全都集中在这几个学生身上，一些看似无须教师操心的学生便被合情地遗忘了，被合理地冷落了。学生自我展现的需要被无视，教育的天平就失衡了。教师这种以牺牲公平来求得暂时安宁的做法，违反了教育的原则。其实，这并不是教育智慧，而是妥协与软弱的表现。其他学生见到同学有出格的言行非但没有被制止，反而被教师特殊关照，可能会自觉不自觉地降低遵守纪律的积极性，甚至加以效仿以获取教师的关注。教师的这种做法原本是为了让课堂更加有序，结果却事与愿违。教师需要清醒地意识到，离开真实的师生互动，课堂的有序和有效就无从谈起。

二、让表扬恢复赏识的原味

上述表面化的、程式化的表扬，成了美丽的空中楼阁，它不仅大大削弱了赏识的激励和导向功能，使教学效果大打折扣，还会造成知识的误区和学科的陷阱，使谬误流传。如何做才能既激励学生当下的积极表现，又能为学生后续的积极表现提供恒久动力，从而让表扬恢复赏识的原味？我认为可以采用以下几种方法。

1. 恰如其分——体现一个“度”字

马卡连柯曾说过，要尽可能地尊重一个人，也要尽可能多地提出坚定、明确和公开的要求。新课程改革强调的赏识并不排斥教师给予学生适度的批评和指正，表扬和批评犹如天平上的两个托盘，缺少了任何一方，天平都会失去平衡。唯有做到适当准确、适度得体、恰如其分，课堂才能在平淡中见到精彩，学生才能处于一种积极向上的情感状态。

表扬应该适“时”。第一，当学生提出的问题或给出的回答富有创见时，教师要给予表扬。第二，当学生的表现优于平常时，例如一个学困生解答出一道对他来说比较难的问题时，一个平时性格内向的学生大胆举手回答问题时，教师可以给予表扬。第三，课堂气氛不活跃，学生的精神状态不佳时，作为激励手段，教师可以适当抓住一点予以表扬。

表扬还应该适“度”。表扬不可超负荷过量使用，教师应慎用“赞不绝口”，宜用“待价而沽”。对一个很难得到教师当众表扬的学生来说，教师的表扬十分可贵，特别是第一次表扬可谓价值千金。随着表扬次数的增多，表扬对学生的刺激就会逐渐减弱，其价值就会越来越低。当教师的当众表扬成为学生的家常便饭时，价值就很小了，还有可能在无形的对比中伤害了其他学生。

2. 变换方式——体现一个“新”字

左一个“真棒”，右一个“很好”，笼统模糊、千人一面的表扬，不仅语言单调、苍白无力，而且缺乏创意，时间一长，学生就会没有了新鲜感。所以，表扬形式应富于变化。和药丸外面裹上糖衣人们吃时不苦一样，新的方式可以给单调的表扬裹上一层糖衣，使学生乐于接受。

为了满足学生的需求，我时不时地为表现好的学生签名、留言。他们在哪一节课上受到表扬，我就在那节课学生作业本的空白处签上自己的名字。对优秀作业，我也同样“潇洒签一回”，或是画上一个大拇指，或是送上一句祝愿、勉励或名言。

另外，一个柔和的微笑、一个鼓励的眼神、一个赞许的大拇指，都能成为有效的表扬。这种表扬虽然无法测量，也无法记载，但它传达了一份关爱，表达了一种尊重、信任和激励。当然，变换表扬的方式只是给学习增加一点儿佐料，不可过度使用，否则将会适得其反，弄巧成拙，给人一种画蛇添足之感。

3. 寓导于褒 —— 体现一个“导”字

无论是赞赏、奖励，还是批评、惩罚，最终的目的都是为学生指明学习的方向，促进学生的可持续发展。学生犯错误或是表现不佳的时候，正是教育的良好契机，因为内疚或不安会使学生急于求助，而此时明白的道理可能使他刻骨铭心。因此，批评和引导犹如教学中的一枚青橄榄，苦涩里透着甘甜，可以让学生开胃生津，回味无穷。

课堂上，我要检测学生前一天的预习效果。一位平时从不举手的学生犹豫着举起了手，我叫到了他。可能因为平时发言过少，学生站起来后显得很紧张，说得结结巴巴，最后，一脸惶恐地看着我。我温和地说：“看得出，你昨天认真预习了，答出了要点。如果你希望表达得更流畅，可以在家里试着完整表达几遍，甚至可以对着镜子练习，你会发现感觉挺不错的。”学生如释重负，轻松地坐下。

表扬中既要有欣赏的因素，也要有客观的、讲究策略的指正。案例中，我先是鼓励学生勇敢地站起来，之后又让他体面地坐下，还为他指明了一个方向。我肯定了学生的认真态度，并通过委婉的语言，恰当地表达了对学生的要求和期望。我希望实现肯定与敦促并行、寓导于褒的效果。相信这番话必定会长久地存留于学生的心里。

4. 指向明确——体现一个“明”字

表扬既不是不着边际的戴高帽，也不是机械的“你真棒”“非常好”。到底好在何处？棒在哪里？是平时的学习基础牢，学习习惯好，理解能力强？还是小组合作学习开展得好，思维互相碰撞，彼此获得了启发？抑或是迷迷糊糊偶然蒙到了点上？模糊的表扬，只会给学生一种不真实的感觉。

斯塔弗尔比姆曾说过，评价最重要的意图不是为了证明，而是为了改进。所以，对学生的评价不能只是浮在表面，教师应给出富有针对性的评价或提出相应的改进意见。教师应采用适合“这一个”的评价语言。譬如，有的学生有了进步，应及时加以肯定；有的学生学习方法很好，教师应在全班同学中推广；有的学生有创造性见解，教师要称赞他勇于探索的学习精神；对有缺憾的答案教师可采用追问的方式，引导学生继续思考；对不求甚解、好表现的学生，教师就该引导他们全面地思考问题，使认识更加深刻……与那种单一的“很好”“真棒”之类为激励而激励的表扬相比，这更有利于培养学生内在的、持久的学习动力。

5. 真情实感 —— 体现一个“情”字

个别教师，面对学生时谆谆教导、循循善诱，背后却赠以“笨蛋”“朽木”之类的称呼。学生一旦洞悉了教师的这种表演，品出了教师情感教育中的水分，那所谓的情感教育还能有几分成效呢？虚情假意、敷衍应付，这样的评价会弱化教育功能、矮化教师形象、淡化师生关系，后患无穷。不是发自内心的表扬是无效的。这不是一个单纯的技巧问题，而是人与人之间起码的尊重。

我曾被霍懋征老师的一个教育细节深深震撼：她提问时突然发现那个成绩最落后的学生也跟着举起了手，就让他来回答，谁知他却一个字也答不上来。下课后，霍老师问他为什么不会也举手，学生哭着说：“我老不举手，同学会笑话我的。”于是霍老师与这位学生悄悄约定：今后她提问时，如果会答，就举左手；不会答，就举右手。此后，每当这位学生举起左手时，霍老师就争取让他回答；当他举右手时，就不让他回答。

所谓“于细微之处见深情”，师生交往的细节往往最能使学生感受到教师真诚而深厚的爱。案例中，霍老师希望通过细致入微的关怀让学生感受到老师对他的爱。我曾听闻一个类似的故事：公开课开始前，执教教师为学生上课发言不积极而苦恼，苦苦思索，终于心生一计 —— 让会的学生举左手，不会的学生举右手。果真，一堂课下来，效果显著，教师每次一提出问题，学生立刻就举手，煞是壮观。但此次事件后学生对该教师不再信任，因为在他们眼里，这样的“高招”既不是艺术，也不是爱，而是作假。同样是“不会时举右手”，一个充满功利色彩，一个体现了教师对学生的关心，虽只有细微的差别，但学生能感受出其中不同的意味。

6. 兼顾公平——体现一个“公”字

班级里有几个特别爱举手发言的学生，他们是课堂上的活跃分子。我曾私下与他们约定：“你们的思维很活跃，但为了照顾其他同学，让他们也有答题的机会，以后你们要举三次手，才可获得一次回答问题的机会；如果答案有创意，可再奖励一次，或是奖励一道很有挑战的题目。”这些活跃分子欣然接受，而且学习时更加投入，课堂氛围也由此走向有序、高效。

课堂上我们常会遇到这样的两难情况：尊重学生的个体差异，激励他们积极思考，让他们畅所欲言，话语权就有可能被活跃分子垄断；照顾沉默的大多数，有意压制活跃分子或是对他们的发言欲视而不见，又会打击他们的积极性。案例中，我之所以这么做，是希望既给沉默者留机会，鼓励他们积极发言；同时引导活跃分子学会谦让，关注自身思维的深刻性。尊重差异，兼顾公平，才能营造和谐有序的课堂氛围。

要使表扬发挥最大功效，教师就要掌握火候，以“激”为手段和主线，以“励”为终极价值取向。这样的表扬，犹如柔化剂，可以消除紧张；犹如强化剂，可以激活思维；犹如催化剂，可以化解矛盾，从而让课堂焕发勃勃生机。

表扬是一门艺术，有效的表扬可以使教师的评价转化为学生自己的行为准则，而教师自身的情感与智慧也在这一过程中自然生发出来，产生教育的良性循环。同样的奖励方式，不同的人使用起来，效果差别巨大。可谓运用之妙，存乎一心！

当教师成长遭遇暗礁

暗礁隐没于水下，不易被人察觉，船只下水后若不留心躲避，很容易触礁。对奋斗在教育第一线的教师而言，教育生涯也充满变数，如果我们不留心观察，也可能遭遇成长的暗礁，从而改变生涯的航道。如何在驾驶教育之舟时避开暗礁，让航行更顺利一些，不至于在还没有看到美好景致时就触礁或搁浅？

暗礁一：心理枯竭，激情冷却

我们有时可以看到这样的教师：初登教坛时热情洋溢，善学乐教；三年五载后，自我效能每况愈下；“而立”之后迷惘悲观，心理失衡，见异思迁；人过中年后心理枯竭，冷漠抑郁，滋生怨艾……

教师的生活工作模式单调重复，这容易导致教师的心理枯竭、激情冷却。此外，诸如由付出与回报之间的不对等所导致的厌倦、不满和心理疲劳，由理想与现实之间的错位所带来的挫折、无奈和消极心理等都会导致教育生涯触礁。

对策——让激情保持在“三十七度二”

法国著名小说《三十七度二》的作者试图告诉我们，我们对待爱情的态度不要过激，不要心血来潮；爱情应该是平淡的，像一杯白开水。我们的教育也是如此，如果我们一开始就是三十九度二，那就是十足的发烧型教师。“发烧”后就很容易过度投入、过度作为，一旦遇到挫折，没获得预期的回报，情绪就会“再而衰”了，朦胧的憧憬没有了，从教的激情也冷却了。假使我们从长计议，始终保持三十七度二的常温，始终保持“像第一天上班那样工作”的热情，反倒容易实现可持续发展。

暗礁二：随波逐流，丧失个性

有这样两种教师：顺从型教师——跟领导走、跟考评走、跟感觉走；追星族教师——听明星教师的课，读明星教师的文章，模仿明星教师的做法。久而久之，他们迷失了自我。

一些教师一生辛辛苦苦埋头教书，虽然或多或少积累了一些经验，取得了一些成绩，但始终没留下只言片语，更别说形成自己独特的教育理念了。这在很大程度上是由于他们走进了跟风的迷途，人云亦云，亦步亦趋。他们很难有自己独特的思想和建树，更无法成长为新课程的实践者和探索者。没有个人特色、没有吸引学生魅力的教师，就如同没有风格的作家。不同的是，读者可以选择不读这位作家的作品，但是学生没有选择教师的权力。因此，教师跟风对自身发展、对学生的成长都是不利的。

对策——扬长避短，形成自己的风格

风格即人，胡适和鲁迅虽是同时代人，但他们的性格迥异，教育风格也截然不同：胡适热情，鲁迅冷峻；胡适循循善诱，鲁迅引而不发。他们不同的风格影响了一大批后来有成就的学生。教师如何形成自己的

风格？要明确自身的优势，并在教学实践中增强自身优势，努力朝着能够充分发挥个性潜能的方向发展，把自己的个性渗透到教学实践中。

暗礁三：不当归因，缺少反思

参加工作后，我曾与一些同行在闲谈时谈到学生，发现少数同行总是抱怨这个学生不听话，数落那个学生成绩差，全班数十个学生中令他满意的竟然寥寥无几。进一步交谈后我发现，如果出了成绩，他们多半会沾沾自喜，认为这是自己努力的结果；如果出了问题，他们多半会归咎于他人，比如，家长不够重视，或是学生之前没养好学习习惯等。

《左传》有言："禹、汤罪己，其兴也悖焉；桀、纣罪人，其亡也忽焉"。可见，只有从自身寻找原因，才能从根本上解决问题，这就是我们常说的反思。一个教师若没有反思的精神，则不可能形成真正意义上的风格。缺少反思，以老经验对待新学生，几十年如一日，这是一种教育惰性的表现。

对策——在"反思罪己"中超越自我

我在讲评习题时发现，几乎所有学生都等着我报答案。课后，我开始反思：原来学生等着我报答案是因为自己的讲解索然无味。于是，我改变了方式：我把答案分组写在黑板上，并指出每组答案中均混有错误的答案，然后组织学生分小组竞赛，看哪一组能又准又快地找出正确答案。学生的积极性顿时异常高涨，纷纷投入到找正确答案的大军中。这件事告诉我，只有深入反思、客观分析，才能发现病根、对症下药，才能超越自我。可以这样说，反思是让教育充满理性和睿智的力量。

暗礁四：疏于积累，底蕴缺失

一提到教育科研，很多教师马上激动起来：日常工作紧张得和打仗一样，要上课、批改作业、备课、参加会议、出考卷、与学生交谈、日常管理班级等，可以说是马不停蹄，能教好书就不错了，哪里还有时间搞科研？

虽然已经有不少教师意识到搞好教育科研对教育教学有长远的推动效果，但他们认为要做到这一点并不容易，还不如一些更直接的方式（如反复训练）见效快。此外，还有些教师认为，教师的主要任务是教学，教育科研是专业研究机构的事，自己是一线教师，搞科研岂不是有越位的嫌疑？甚至还有人将教育科研和日常教学割裂开来，认为过多从事教育科研会影响教学质量。这些都导致一些教师虽有十几年或几十年的一线教学经验，但理论基础薄弱，知识储备匮乏，提起笔来捉襟见肘。

对策 —— 零存整取，增加知识储备

于漪老师有一个绝招，就是坚持写教后笔记。她说，自己每上完一节课，都要稍加反省回味，把教学过程像放电影一样在脑子里过一遍，撷取其中有启发的点写几笔，既有意义，又是乐事。教学有连续性，教师不能边教边丢，教后清醒地回顾一下走过的路，可使下一步走得更稳、更扎实。她的这一见解和做法很值得我们深思。如果我们也立足于日常教学，把平时在教书育人过程中的所见、所感、所思储蓄下来，思考会像滚雪球一样越积越多，到时自然会有一笔可观的收入。我们写文章或

进行科研活动时就可以得心应手了。

暗礁五：单打独斗，孤军奋战

目前的课堂教学形式主要是教师与学生合作、学生与学生合作，虽然每个教师都或多或少积累了一些经验，但彼此间的交流比较少，一些人甚至是孤军奋战。不仅不同科目的教师缺乏教学上的探讨，即使同一科目的教师也不愿意多交流。

其实，教师之间广泛开展合作，有百利而无一害：它可以为教师提供心理支持 —— 让教师认识到“我不是一个人在战斗”；它能减少教师的工作负担 —— 避免每个教师都耗费大量时间查阅资料；它能发挥促进作用 —— 教师可从他人那里学到更好的教学方式，促进学生的学习和进步。但事实却是，当前教师之间的合作不尽人意。很多教师在进行教育创新的探索，积累了不少经验和教训，但是时常忽视相互间的学习与借鉴。这种互不合作、彼此孤立的现状浪费了许多资源。

对策 —— 合作共生，资源共享

在动物界，鳄鱼能够和一种叫燕千鸟的小鸟和睦相处。鳄鱼的牙缝里经常塞满食物残渣，燕千鸟在鳄鱼的嘴里得到饱食的同时又在义务为鳄鱼剔牙。这就是“共生效应”。它启发我们打破藩篱，走出教研组和年级组的狭小范围，广泛合作；走出小我，融入大我，构建教师学习共同体。教师在共同体中可以共享信息，分担责任，“取彼之长，补己之短”，实现资源的共享，达到教学系统的多边互动。

暗礁六：言行不一，表里相背

个别教师教育学生要与人为善，宽宏大度，自己却锱铢必较，睚眦必报；要求学生言语文明，举止有礼，自己却粗俗之言不绝于口，体罚之举时而有之；教育学生要认真学习，自己却终日无所事事；教育学生不迟到、不早退，自己却经常擅自离校；教育学生要按时完成作业，自己却交不出教案；要求学生排队不准讲话，自己却在一边与其他教师窃窃私语……

在教育实践中，个别教师总是习惯于把自己放在教育者的位置上，认为自己讲的那些道理、规则，只是针对学生的，从没考虑这些道理、规则对自己的约束意义。他们理直气壮地实行双重标准，要求学生做到的，自己没有做到；要求学生不做的，自己却在做。殊不知，“其身正，不令而行；其身不正，虽令不从”。

对策——身体力行，做无声的榜样

教师是学生无声的榜样，要想使自己的教育教学取得效果，教师就必须身体力行，有诺必践，以信取人，否则教育就成了空洞的说教。所以，教师要用自己的实际行动印证所言非虚，同时把诚信的种子播撒到学生的心田。唯有如此，教师的教育行为才能进入“润物细无声”的境界。

当然，教师在教育生涯中遇到的“暗礁”可能远远不止这些，比如埋怨，比如嫉妒，比如做表面文章，比如过于追名求利……但依笔者看，暗礁形成的根源全在自己。如果教师把眼光放长远一点儿，把教育工作当成一项事业来追求，像医生修炼医术那样来修炼“教术”，那么，各种暗礁就容易被察觉且顺利避开了。

后记

心里有学生，哪里都是课堂

一堂完整的课，不只包括课上40分钟的教学活动，还包括授课前的酝酿、课中的实施、课后的跟进等一系列活动。所以，一个真正优秀的教师，不会只重视课堂上的那些活动，还会向前、向后延伸，关注与学生的各种交互活动。

课堂上的教学活动并不能解决所有问题，所以我会在教育中开展系列活动，目的是与教学内容实现无缝对接。比如，上完《追求高雅生活情趣》一课后，我邀请一位擅长烹饪的学生家长到班里传授她的烹饪秘诀。该家长带来她精心制作的双皮蛋、烤鱼等美食，让学生们尽情品尝，然后一一讲解料理技巧，还现场手把手教学生们制作牛轧糖，最后还指导学生制作了一大锅水果羹，将活动气氛推向高潮。此外，我还组织了制作衍纸、肥皂、风筝等生活中的小物件的活动，这些都是一些小技能的训练，却无不与生活情趣息息相关。事后学生纷纷感叹，原来生活本是中性的，味道和色调靠自己调。习得一些生活技能，懂得经营生活，如此，学生才能过有情趣的生活。这一系列活动让课堂教学内容变得丰盈饱满。

近年来，校园伤害事件频发，凶手大多是为了报复社会。对此，我组织开展了题为“这些事与你我有关”的讨论，引导学生们学会主动关怀他人。这种关怀不只包括与自己朝夕相处的人，还包括身边一些熟悉的陌生人，比如，每天上学看到的保安、课间常见到的保洁员、午餐时遇见的食堂工作人员、偶尔在校园里看到的电工等。

一段时日下来，见到身边那些熟悉的陌生人，学生们能主动表达关怀了。每天上学放学见到门口的保安师傅，他们都会热情地打招呼。一次，一个男生过生日时恰巧一位电工在教室修电扇，男生顺手拿了一块蛋糕递给他，师傅激动得连忙起身说谢谢，使劲儿擦过手后才开心地接过蛋糕。有一次，两个女生上洗手间时，看到刚拖过的地面湿漉漉的，犹豫一阵后，踮着脚尖沿着墙根轻轻走了过去……对生命中一些偶然相遇的人，学生们也会主动表达善意。渐渐地，学生们越来越懂得主动传递温暖，并从中体会到，良好的关系建立在发自内心深处的善意之上。

这些都是对课堂的有益补充，是一个完整课堂的有机组成部分。它们具有生长力，能唤起学生的内在力量，让他们自觉自愿地去探寻，去创造，不断成长为更好的自己。

心里有学生，哪里都是课堂。这样的课堂，是一种生命的在场。这样的课堂，有思想在拔节劲长，有创意在轻舞飞扬。

愿，我们的校园能成为孩子们的乐园，我们的课堂是他们的心之所向。

图书在版编目（CIP）数据

课堂，可以这么有声有色 / 郑英著. —北京：中国人民大学出版社，2020.5
ISBN 978－7－300－28027－1

Ⅰ. ①课… Ⅱ. ①郑… Ⅲ. ①课堂教学—教学研究 Ⅳ. ①G424.21

中国版本图书馆CIP数据核字（2020）第063172号

课堂，可以这么有声有色
郑 英 著
Ketang, Keyi Zheme Youshengyouse

出版发行	中国人民大学出版社		
社　　址	北京中关村大街31号	**邮政编码**	100080
电　　话	010－62511242（总编室）		010－62511770（质管部）
	010－82501766（自营网店）		010－62514148（明德书店）
	010－62511173（销售部）		010－62515275（盗版举报）
网　　址	http://www.crup.com.cn		
经　　销	新华书店		
印　　刷	北京华宇信诺印刷有限公司		
规　　格	720 mm × 1000 mm　1/16	**版　　次**	2020年5月第1版
印　　张	12.25　插页1	**印　　次**	2025年11月第13次印刷
字　　数	180 000	**定　　价**	49.80元